Die Yoga-Sutras für dich und dein Leben

Die Yoga-Sutras für dich und dein Leben

Patanjalis Wegweiser zu innerer Klarheit, Freude und Gelassenheit

Aus dem Amerikanischen übertragen von Iris Halbritter

L o t o s

Die Originalausgabe erschien 2018 unter dem Titel
Living the Sutras. A Guide to Yoga Wisdom beyond the Mat,
bei Shambhala Publications, Inc., Boulder, U.S.A.

FSC www.fsc.org MIX Papier aus verantwortungsvollen Quellen FSC® C083411

Verlagsgruppe Random House FSC® N001967
Erste Auflage 2019

Redaktion: Diane Zilliges
Umschlaggestaltung: Guter Punkt, München,
unter Verwendung eines Motivs von © Mashot/gettyimages
Satz: Satzwerk Huber, Germering
Druck und Bindung: CPI Books
ISBN 978-3-7787-8289-7
www.Integral-Lotos-Ansata.de
www.facebook.com/Integral.Lotos.Ansata

Für JP, der mir vor langer Zeit gesagt hat,
dass er mich nur glücklich machen will. Das tust du.
Kelly DiNardo

Für meinen Partner Jorge, der mich bedingungslos liebt
Amy Pearce-Hayden

Inhalt

Einführung: *Nun fangen wir an*

Geist. Körper. Seele. Beim Yoga erkunden wir alle drei Bereiche. Auf der Matte bekommen wir einen flüchtigen Eindruck davon, dass es beim Yoga um mehr geht als um brezelartige Verrenkungen und schwerkrafttrotzende Balanceakte. In deinen Händen hältst du deshalb einen Begleiter für die körperliche Übungspraxis, der sich an Geist und Seele richtet.

Die Yoga-Sutras für dich und dein Leben – das ist eine moderne, leicht zugängliche Interpretation einer uralten Philosophie. Übungen und Schreibinspirationen helfen zudem, sie lebendig zu machen, sodass du sie aktiv auf dein Leben anwenden kannst. Diese Philosophie basiert auf den Yoga-Sutras; Lehren, die vom Guru Patanjali vor rund 2000 Jahren zusammengestellt wurden. Die Sutras sind eine Art Landkarte, um gut durch die Herausforderungen des Lebens navigieren zu können. Sie enthalten Lektionen darüber, wie man mit Verlust, Leid, Unzufriedenheit und Entfremdung umgeht. Und sie geben Rat, wie man Freude entwickeln und ein gesundes, glückliches und erfülltes Leben leben kann.

Es ist schwierig, diese Landkarte vor uns auszubreiten, während wir uns in der Haltung des Kriegers bemühen, unser Knie direkt über dem Knöchel zu halten; oder wenn wir zu verstehen versuchen, wie uns die uralte yogische Weisheit dabei helfen soll, mit einem schwierigen Chef, nervigen Geschwistern oder einer schweren Phase mit unserem Partner zurechtzukommen. Deshalb hält man die Sutras vielleicht manchmal für doof, unverständlich oder fürs moderne Leben unbrauchbar.

Jedenfalls hat Kelly lange in der Weise über die Sutras gedacht. Nach einer kurzen Einführung in die Sutras bei einer Yogastunde stellte sie ihre Übersetzung davon in ihr Bücherregal, wo sie – und die Ideen darin – verstaubten. Zwölf Jahre später, auf einem Yogablock hockend, hörte sie ihrer Yogalehrerin Amy zu, die einen kurzen Vortrag über *viveka,* die Unterscheidungskraft, hielt. In ihren Kursen und später beim Kaffeetrinken machte Amy die Sutras für Kelly zum ersten Mal verständlich, brauchbar und persönlich. Aus jenen Gesprächen entstand dieses Buch.

Es muss gesagt werden, dass dies keine akademische Studie, wissenschaftliche Abhandlung oder Sanskritlektion ist. Es ist vielmehr ein Angebot an alle, die das Gefühl haben, dass es beim Yoga um mehr geht. Wenn unsere Zeit auf der Matte eine Gelegenheit ist zu spüren, wo wir in unserem Körper und in unserem physischen Leben sind, dann ist dies eine Chance, die Übungen von der Matte herunterzuholen und zu lernen, wo wir in unserem Geist und in unserer Seele sind. Es ist eine Möglichkeit, mit dieser uralten Philosophie auf aktive, moderne Weise umzugehen. Es ist ein Wegweiser, um zu verstehen, wie der Geist funktioniert, und eine Gelegenheit, unsere Aufmerksamkeit wieder zu fokussieren, damit wir ganz im Augenblick sein können. Es ist ein Weg – nur ein möglicher Weg –, um die Vorstellung zu leben, dass Yoga eine Übung für unser Inneres ist und nicht nur für unser Äußeres.

Doch worin besteht diese Übung für unser Inneres? Was ist dieses Mehr, um das es beim Yoga geht?

Vereinfacht gesagt ist dieses Mehr ein Leben voller Leichtigkeit, Zufriedenheit und Sinn. Die Yoga-Sutras, die von Patanjali eingeführt wurden, sind ein systematischer Weg genau dorthin. Es ist wenig über den Autor bekannt, was über das Reich der Legende hinausgeht. Man weiß nicht einmal, ob es sich um eine einzelne oder mehrere Personen handelte. Patanjali hat Yoga auch nicht erfunden; er hat bestehende Glaubenslehren, Vorstellungen und Übungen aus verschiedenen spirituellen Philosophien zusammengetragen, geordnet und daraus eine Schritt-für-Schritt-Anleitung zur Selbstentfaltung gemacht.

Seine Yoga-Sutras bestehen aus 195 kompakten Sätzen, die in vier Abschnitte oder Bücher *(padas)* unterteilt sind. Patanjali erläutert zunächst, wie ein steter Geist aussieht und welche Hindernisse uns davon abhalten, das Gleichgewicht zu bewahren. Im zweiten Buch stellt er Werkzeuge und Übungen vor, die das Ziel des Yoga unterstützen. In den restlichen Teilen der Sutras beschreibt Patanjali sehr detailliert die Veränderung, die zum vollen und vollständigen Verständnis unseres wahren Selbst und unseres Potenzials führt. Dieses yogische System verspricht,

- dass der Geist durch das Üben stet und klar wird.

- dass wir durch die Übungen lernen, Ablenkungen zu minimieren, und unsere Bewusstheit und Gegenwärtigkeit im Alltag erhöhen.

- größeres Verständnis und größere Akzeptanz von uns selbst, anderen und der Welt um uns herum. Dieses größere Verständnis verbindet uns mit unserem göttlichen Licht und bringt uns bei, unser Potenzial zu erreichen und sinnerfüllt zu leben. Wir können mit anderen klarer kommunizieren und ihre Worte und Taten besser verstehen; daher werden unsere Beziehungen harmonischer.

- Freiheit von unseren Ängsten, selbst auferlegten Beschränkungen und Erwartungen. Klassischerweise spricht Patanjali davon, unsere Grenzen bis zu einem solchen Grad aufzuheben, dass wir vollkommen frei sind, selbst von unserer eigenen Körperlichkeit. Dadurch könnten wir Superkräfte entwickeln, wie zum Beispiel Levitation, Unsichtbarkeit und übermenschliches Hörvermögen.

Wir wählen einen weniger an Superman orientierten Ansatz und nehmen an, dass Patanjali uns einfach einlädt, über das hinauszugehen, was wir für möglich halten. Wir sollen erkennen, dass wir größere Fähigkeiten, größeres Wissen und mehr Potenzial haben. Er sagt uns: Wenn wir unseren Geist in den Griff bekommen und das rastlose Geschnatter zur Ruhe bringen, dann werden wir die wahre Stimme in unserem Inneren hören, unsere Seele verstehen, frei von Beschränkungen sein und alles tun können, was wir wollen.

Das scheint ein hoher Anspruch zu sein, oder? Ja, das ist es. Unsere Ziele sind enorm: Weisheit, persönliche Erkenntnis, Freiheit, ein Leben voller Leichtigkeit. Wie Sri Swami Satchidananda im Kommentar seiner englischen Übersetzung der Yoga-Sutras schreibt: »Gib dich niemals, niemals mit diesen kleinen Dingen zufrieden. Unser Ziel ist sehr groß. Es ist ewiger Friede, ewige Freude. Gib dich nicht mit ein wenig Frieden, ein wenig Freude, mit belanglosem Glück zufrieden.«

Es gibt Hunderte Übersetzungen und Kommentare zu den Yoga-Sutras. Wir haben ein paar der von uns bevorzugten in Anhang 1 aufgeführt. *Die Yoga-Sutras für dich und dein Leben* ist jedoch anders. Die Sutras wurden nämlich vor Tausenden vor Jahren für ein Leben in der Einsamkeit geschrieben. Es ist eine Herausforderung, eine Brücke zwischen dieser uralten Theorie und ihrer modernen Anwendung zu schlagen – und wir hoffen, dass unser Buch diese Brücke für dich sein wird.

Es kann auf unterschiedliche Weise und zu unterschiedlichen Zeiten in deinem Leben und deiner yogischen Übungspraxis benutzt werden. Es kann eine Einführung in diese klassische Philosophie sein. Man kann es als schnellen Ratgeber oder Nachschlagewerk für Schüler und Lehrer heranziehen. Unser Ziel ist jedoch, dass du es zur aktiven Selbsterkundung nutzt, indem du die uralte Weisheit der Sutras mithilfe eines Tagebuches, den hier vorgestellten Schreibinspirationen und Übungen als Teil deiner Yogapraxis in dein Leben integrierst. Dazu kannst du es entweder von Anfang bis Ende lesen, um das yogische System zu verstehen und deinen persönlichen Weg zu unterstützen. Oder du überlässt dem Zufall die Schwerpunktsetzung und die Auswahl der Übung für den Tag, indem du dir jeweils irgendeinen Kommentar samt Schreibinspiration aussuchst. Wie immer du diesen Wegweiser benutzen möchtest, wir hoffen, du findest darin die Gelegenheit, dich mit den Sutras auf sehr persönliche Weise auseinanderzusetzen.

Wie Yoga ist auch Tagebuchschreiben eine Form der Selbsterkundung, die Konzentration erfordert und ins Licht rückt, wer wir in Wahrheit sind. Aus diesem Grund haben wir beschlossen, uns auf die ersten beiden Bücher der Sutras zu konzentrieren. Sie bieten Gründe, Theorie und Übungen, die zur Selbsterkundung ermuntern und diese fördern, während das dritte und vierte Buch eher die Ergebnisse dieser Selbsterkundung beschreiben. Zu jedem Sutra oder jeder Gruppe von Sutras geben wir dir eine kurze Interpretation und eine Schreibanregung, die es dir ermöglicht, über das Gelesene nachzudenken und seine Bedeutung auf dein eigenes Leben anzuwenden.

Bevor wir diese Reise antreten, haben wir einen übergreifenden Rat für dich: Das erste Yoga-Sutra, *atha yoganushasanam* (1:1), lautet übersetzt schlicht: »Nun fangen wir an« oder »Nun werden die Lehren des Yoga vorgestellt«. Wir bevorzugen eine Variante, die heißt: »Nun beginnen wir mit unserer Übungspraxis.« Denn es ist eine Übungspraxis, ein kontinuierlicher Einsatz. Ein Pianist beginnt nicht mit Chopin. Ein Läufer beginnt nicht mit einem Marathon. Es braucht eine Note, einen Schritt nach dem anderen.

Um über die Sutras Tagebuch zu schreiben, sind keine bestimmten Kenntnisse nötig. Du brauchst nichts zu lernen, bevor du anfangen kannst. Du brauchst nicht gut schreiben zu können oder dir auch über die Grammatik keine Gedanken zu machen. Tatsächlich solltest du Druck und Erwartungen dieser Art beiseiteschieben, damit du deine Gedanken frei fließen lassen kannst.

Die Sutras zu erkunden macht dich übrigens auch nicht zum Buddhisten oder Hindu. Du kannst deine eigene Religion weiterhin ausüben oder gar keiner Religion angehören. Die Schreibinspirationen sind dazu gedacht, die Sutras auf das praktische Leben anzuwenden, innerhalb jeder Glaubensrichtung oder weltlichen Tradition.

Wir laden dich ein, deine Tagebuchübung zu einer Achtsamkeitsübung zu machen. Entferne alle Störquellen, selbst dein Handy. Finde einen bequemen, ruhigen Ort zum Schreiben. Und bevor du etwas zu Papier bringst, nimm dir einen Moment Zeit, um mit ein paar tiefen, gleichmäßigen Atemzügen ruhig zu werden und ganz im Augenblick anzukommen.

Nun fangen wir an.

BUCH EINS
Samadhi Pada

Wir haben die Chance, unser bestes Leben zu leben. Fangen wir damit an, unser aktuelles Leben anzusehen. Dabei berücksichtigen wir, dass unsere Sicht der Dinge voreingenommen oder blockiert sein könnte, und akzeptieren, dass wir noch nicht das ganze Bild vorliegen haben, um die notwendigen Änderungen vorzunehmen.

Im ersten Buch *(pada)*, *Samadhi Pada*, bringt uns Patanjali bei, wie wir das gesamte Bild sehen können, indem wir unsere Perspektive zu einer Perspektive des Möglichen verlagern, und zwar durch Klarheit. Er zeigt uns, was unser Bild trübt – unsere eigenen, selbst auferlegten Hindernisse –, und die Macht des Geistes, wenn wir diese Beschränkungen aufheben und den Nebel klären. Er behauptet, dass wir von diesem neuen Aussichtspunkt aus beginnen, unser Potenzial zu erschließen.

Patanjali gibt uns ein GPS an die Hand, um von diesen Hindernissen wegzunavigieren, hin zu unseren Zielen. Die Anweisungen sind klar und konkret. Und genau in dem Moment, in dem wir unterzugehen glauben, wirft er uns einen Rettungsring zu: Er sagt uns, dass wir die Kraft haben, durch Disziplin,

Willensstärke und die Entwicklung von Unterscheidungskraft unsere Beschränkungen zu beseitigen.

Der Titel des Buches, *Samadhi Pada*, sagt dies bereits aus. Samadhi ist eine Idee, ein Gefühl oder ein Zustand, der mit einem einzigen deutschen Wort nicht erfasst werden kann. Man hat es versucht mit »erwacht«, »ekstatisch«, »makellos«, »glückselig«, »strahlend« und »erleuchtet«. Es ist all dies und mehr. Es ist die Verheißung des Yoga und der Punkt, an dem wir anfangen.

Unser wahres Wesen

yogash chitta-vrtti-nirodha (1:2)
Yoga ist die Kontrolle der Bewegungen des Geistes.

....

tada drastuh svarupe 'vasthanam (1:3)
Wenn der Geist stet und ruhig ist,
erkennen wir unser wahres Wesen.

Das größte Abenteuer unseres Lebens besteht darin, unser wahres Wesen zu erkennen – wer wir wirklich sind.

Ich weiß, wer ich bin, magst du vielleicht denken. Wir alle sagen uns selbst: Ich bin eine Mutter, eine Joggerin, eine Yogini. Ich bin eine Reisende, eine Autorin, ein Hundefan. Ich bin ein Ehemann, ein Rechtsanwalt, ein Genießer. Doch wer wir als Mensch auf tiefster Ebene sind, hat nur entfernt etwas mit diesen Rollen zu tun. Diese Rollen können eine Art sein, auf die sich unser wahres Wesen zeigt. Vielleicht haben wir diese Rollen aber auch nur aus Gewohnheit oder einer Erwartungshaltung heraus übernommen.

Unser wahres Selbst ist das, was wir jenseits jeder Rolle oder Bezeichnung sind. Und unser wahres Wesen drückt sich durch unsere Kernüberzeugungen, Werte und Leidenschaften aus und nicht dadurch, was unsere Freunde, Verwandten oder die Gesellschaft von uns erwartet.

Wenn wir unser wahres Selbst kennen und akzeptieren, erleben wir Frieden und Klarheit. Wir bleiben geerdet und in Verbindung mit dem moralischen Kompass, der uns definiert. Und wir können das meiste aus unseren einzigartigen Eigenschaften und Fähigkeiten herausholen; wir schöpfen unser Potenzial voll aus.

Das Schwierige ist, das wir mit unserem Geist gern Spielchen spielen. Wir spielen Verstecken und Verkleiden – Spiele, die unser wahres Wesen verschleiern. Wenn wir mit diesen Spielchen aufhören, beginnt der Erkundungsprozess. Das ist Yoga.

Am Anfang der Sutras wird Yoga als Kontrolle der Bewegungen des Geistes definiert. Die Sutras erklären, dass wir unser wahres Wesen erkennen, wenn unser Geist stet und ruhig ist. Die Bewegungen des Geistes werden oft als »Affengeist« bezeichnet. Er ist aktiv, wenn unsere Gedanken von einem Thema zum anderen springen, so wie schnatternde Äffchen von Ast zu Ast hüpfen. Unsere Worte und Handlungen folgen unseren Gedanken, und wenn unser Geist von Ast zu Ast springt, sind wir zerstreut. Wenn wir den Affengeist beruhigen, werden wir in unserem Leben wahrhaft aufmerksam. Wir verbinden uns damit, wer wir wirklich sind. Wir stellen fest, dass wir voller Leichtigkeit leben können. Wir entdecken unsere Bestimmung. Und wir verwirklichen unser volles Potenzial.

Reflexion

Stell einen Wecker auf fünf Minuten, und schreib eine Liste mit Worten, die dich beschreiben und definieren. Schreib so viele auf, wie dir einfallen.

Die Farbfilter unseres Geistes

vrtti-sarupyam itaratra (1:4)
Zu anderen Zeiten folgen wir den Bewegungen des Geistes.

....

vrttaya panchatayyah klishtaklishtah (1:5)
Es gibt fünf wechselnde Bewusstseinszustände,
die entweder schädlich sind oder nicht.

....

pramana-viparyaya-vikalpa-nidra-smrtayah (1:6)
Diese sind richtiges Wissen, falsche Wahrnehmung,
Vorstellung, Schlaf und Erinnerung.

Beginnen wir mit einem kurzen Blick auf den yogischen Körper – einer Anatomielektion, die nichts mit dem Schultergürtel oder dem Innenmeniskus zu tun hat, versprochen.

Alles im Universum besteht aus zwei Aspekten: dem Potenzial *(purusha)* und der Art, wie es ausgedrückt wird *(prakriti)*. Stelle dir unser Potenzial wie Elektrizität vor. Sie kann dadurch ausgedrückt werden, dass man eine Lampe anschaltet, den Mixer oder den Fernseher. Jeder von uns hat unbegrenztes Potenzial, doch jeder von uns drückt es auf einzigartige Weise aus.

Du bist vielleicht eine bunte Tiffany-Leuchte, während ich ein schlanker Flatscreen-TV bin. Dennoch fließt dieselbe Elektrizität durch beide hindurch.

Was uns darin hindert, unser wahres Wesen auszudrücken und unser volles Potenzial zu verwirklichen, ist das sogenannte Photoshop-Problem. Es gibt fünf Bewusstseinszustände *(vrittis)*, die oft mit Wasserkräuseln oder Wellen in einem See verglichen werden. Wir betrachten sie jedoch lieber als Kameralinsen oder Instagram-Filter, die die Dinge einfärben, die wir sehen. Manche zeichnen das Bild schärfer, manche weicher. Manche lassen es schlicht und altmodisch aussehen. Manche betonen die Farben, andere machen die Welt schwarz-weiß. Manche verzerren das Bild so stark, dass der wahre Inhalt verloren geht. Gleichermaßen können die Filter in unserem Geist das Bild verändern und unsere Realität verfälschen. Selbst wenn diese Filter den Geist oder die Stimmung aufhellen, verdunkeln sie die Wahrheit des Augenblicks.

Wenn ein Foto bearbeitet wird, ist das manchmal so schlecht gemacht, dass man es sofort bemerkt. Manchmal ist es dagegen so gut gelungen, dass man es nicht wissen kann. Bei den Filtern des Geistes ist es dasselbe. Häufig sind wir so sehr daran gewöhnt, etwas auf eine bestimmte Art und Weise zu sehen, dass es uns falsch vorkommt, wenn wir den Filter entfernen und es so sehen, wie es in Wahrheit ist. Den Filter und das bearbeitete Bild einfach nur zu bemerken ist daher der erste Teil unserer Übung. Während wir die unterschiedlichen Filter identifizieren, beginnen wie unsere Reaktionen zu verstehen, woher sie stammen und wie sie uns zurückhalten. In den folgenden Sutras erläutert Patanjali alle *vrittis* näher, damit wir sie besser verstehen und leichter erkennen können.

Reflexion

Nimm die Liste, die du in der vorherigen Übung erstellt hast, und kreise alle Beschreibungen ein, die unveränderlich oder unveränderbar sind. Wie fühlst du dich dabei? Vielleicht bist du 1,64 Meter groß und wärst lieber 1,77 groß. Du bist enttäuscht, dass dein innerer Basketballstar nie eine Chance hatte. Oder vielleicht bist du die Jüngste in deiner Familie und kannst es überhaupt nicht leiden, dass dich alle wie ein Kleinkind behandeln.

Markiere anschließend alle positiven Beschreibungen in einer Farbe und alle negativen Beschreibungen in einer anderen Farbe. Denk sowohl bei den positiven als auch bei den negativen darüber nach, ob es darunter Dinge gibt, die du gern ändern möchtest.

pratyakshanumanagamah pramanani (1:7)
Die Quelle des richtigen Wissens
baut auf klarer Sinneswahrnehmung, Logik
und verbaler Kommunikation auf.

Wenn wir die Dinge durch eine klare Linse sehen und den Gegenstand oder die Situation richtig wahrnehmen, erhalten wir korrektes oder richtiges Wissen. Wir erfahren dieses richtige Wissen auf drei Arten: durch Sinneswahrnehmung, durch Logik und durch verbale Kommunikation. Wenn wir vor einem Lagerfeuer stehen, können wir das Feuer sehen, die Hitze spüren und den Rauch riechen. In diesem Fall wissen wir aus erster Hand von dem Feuer. Die Logik nutzen wir, wenn wir Rauch sehen und schlussfolgern, dass er von einem Feuer stammt. Und wir verlassen uns auf eine zuverlässige Quelle, wenn ein Förster uns sagt, dass der Rauch, den wir sehen, von einem Lagerfeuer herrührt.

Bei diesem Beispiel von Rauch und Feuer scheint es einfach, die Wahrheit zu erkennen. Das richtige Wissen über uns selbst und unsere Bestimmung zu erlangen ist weitaus schwieriger, weil wir so daran gewöhnt sind, alles durch die Farbfilter unseres Geistes zu betrachten.

Reflexion

Such dir jemanden, dem du vertraust und der dich gut kennt. Bitte ihn oder sie, einen Wecker auf fünf Minuten zu stellen und so viele Worte wie möglich zu notieren, die dich beschreiben. Lass sie dir dann zeigen oder vorlesen. Was überrascht dich? Wodurch fühlst du dich gut? Gibt es etwas, bei dem du anderer Meinung bist?
Vergleiche jetzt die beiden Listen. Streiche alle Beschreibungen an, die ihr beide notiert habt. Was fällt dir auf?

viparyayo mithya-jnanam atad-rupa-pratishtham (1:8)
Falsches Wissen kommt von falscher Wahrnehmung.

Wenn wir durch eine Linse blicken, die durch Fehlinformationen und Vermutungen getrübt ist, haben wir eine falsche Wahrnehmung, das Gegenteil von richtigem Wissen. Wenn unsere Wahrnehmung und die Realität nicht übereinstimmen, können wir verletzt oder enttäuscht sein. Eine Freundin sagt uns ab, und wir fragen uns, warum sie sauer auf uns ist. (Dabei hat sie bloß zu viel Arbeit.) Unsere Chefin sieht besorgt aus, und wir haben Angst, dass wir entlassen werden. (Dabei ist nur ihre Mutter krank.) Unsere Partnerin klappt schnell ihren Laptop zu, wenn wir hereinkommen, und wir werden wütend, weil wir denken, dass sie mit ihrer Ex chattet. (Dabei plant sie einen romantischen Überraschungsausflug.) Wenn wir die Filter der falschen Wahrnehmung klären, vermeiden wir unnötige Verletzungen und unnötiges Leiden. Wir können mit einer positiven, hoffnungsvollen Haltung vorangehen.

Reflexion

Beende diesen Satz: Ich wünschte, andere wüssten über mich, dass …

shabda-jnananupati vastu-shunyo vikalpah (1:9)
Falsche Wahrnehmung ist, wenn man etwas denkt
oder sich vorstellt, das keinen Wahrheits-
oder Realitätsgehalt als Grundlage hat.

Die dritte Linse, die unseren Geist einfärbt, ist, sich etwas vorzustellen, ohne dass es durch irgendeinen Wahrheits- oder Realitätsgehalt gestützt wird. Tagträumen, sich Ereignisse und Situationen vorstellen und visualisieren kann ein kreatives Ventil sein, eine notwendige Pause für unseren geschäftigen Geist und ein inspirierender Weg, um auf ein Ziel hinzuarbeiten. Es sind wichtige Werkzeuge, die uns dabei helfen, unsere Pläne zu manifestieren. Tatsächlich ist es eine Möglichkeit, unseren Geist beim Meditieren konzentriert zu halten, wenn wir uns etwas vorstellen, was uns inspiriert, sei es eine Idee, ein Ding oder ein Ort. Wenn uns unsere Fantasie jedoch ablenkt oder unweigerlich zu Enttäuschung und Leid führt, kann sie schädlich sein. Zum Beispiel, wenn wir über die Feiertage nach Hause fahren und uns dabei eine Bilderbuchidylle à la Norman Rockwell ausmalen, dann aber der Strom ausfällt, das Essen anbrennt und alle mit dieser Wende der Ereignisse hadern. Oder wenn wir uns auf unseren Jahresbericht vorbereiten und uns schon auf das Lob, die Gehaltserhöhung und den Bonus freuen, nur um dann mitgeteilt zu bekommen, dass die Firma alle Gehälter einfriert. Unsere Vorstellungskraft sollte uns für alle Möglichkeiten offenhalten und uns nicht einengen.

Reflexion

Erinnere dich daran, wie oft du dich in der letzten Woche beim Tagträumen, Visualisieren oder Prophezeien ertappt hast. Erstelle eine Liste von so vielen verschiedenen Arten wie möglich. Sie können reichen von »Irgendwann will ich in Frank-

reich leben« bis zum Gedanken an die möglichen Ergebnisse einer Blutuntersuchung.
Sieh dir deine Liste an. Welche Punkte halten dich für alle Möglichkeiten offen? Welche engen dich ein? Kannst du bei allen die Kehrseite sehen und eine Alternative dafür finden? Zum Beispiel könnte dich »Irgendwann will ich in Frankreich leben« dazu ermuntern, einen Sprachkurs zu machen und dich nach verschiedenen beruflichen Möglichkeiten zu erkundigen. Oder du kannst dich so sehr darauf versteifen, dass du frustriert und deprimiert darüber bist, wo du jetzt gerade lebst.

abhava-pratyayalambana vrttir nidra (1:10)
Die Abwesenheit der Realität entsteht auch
beim Tiefschlaf ohne Gedanken, beim Träumen
oder anderen Bewegungen des Geistes.

Tiefschlaf ist lebensnotwendig, erholsam und unterstützt einen steten Geist. Er ist die Abwesenheit von Bewusstsein, Gedanken, Träumen oder anderen Bewegungen des Geistes.

Während des Tiefschlafs ist der Geist leer. Wir haben keine Gedanken oder Träume. Im Tiefschlaf haben wir einen von Natur aus steten Geist, aber weil wir schlafen, erinnern wir uns nicht daran. Dieselbe Stetigkeit wollen wir erreichen, während wir wach sind; daran arbeiten wir.

Wenn Tiefschlaf notwendig und erholsam ist, wie kann er dann ein Filter oder eine Linse sein, die den Geist einfärbt? Es gibt eine Debatte unter Yogahistorikern, ob er eine *vritti* ist oder nicht. Die es befürworten, sagen, dass der Tiefschlaf uns von der Realität trennt. Die es bestreiten, argumentieren, dass Tiefschlaf keine Bewegung des Geistes ist, da der Geist dabei stet ist. Wie dem auch sei: Da wir während des Tiefschlafs ganz ruhig sein können, wissen wir, dass unser Geist auch stet werden kann, während wir wach sind.

Reflexion

Bewahre während der nächsten Woche dein Tagebuch neben dem Bett auf. Gleich nach dem Aufwachen, bevor du irgendetwas anderes tust, schreib ein paar Minuten lang auf, was dir durch den Kopf geht. Es darf ganz schlicht sein, etwa eine Liste von Gedanken, Ideen oder Bildern. Sieh am Ende der Woche nach, ob dir irgendwelche Muster auffallen.

anubhuta-vishayasampramoshah smrtih (1:11)
Erinnerung ist ein früheres Erlebnis,
das man nicht vergessen hat.

Erinnerungen sind Samen. Was gepflanzt wird, wächst zu künftigen Gedanken, Worten und Taten heran. Es kann zu wunderschönen, duftenden Blumen heranreifen, die uns zu liebevollen, freundlichen und bedachten Handlungen inspirieren. Aber wenn eine Schicht Urteil oder Enttäuschung hinzukommt, können unsere Erinnerungen als unbändiges Unkraut wuchern, das unfreundliche, verletzende Gedanken und Taten auslöst.

Reflexion

Beschreib drei deiner deutlichsten Erinnerungen. Wie würdest du sie charakteriseren? Als glücklich, traurig, enttäuschend, aufregend, positiv, negativ? Wie hat dich jede davon geformt? Lies deine Tagebucheinträge zu den *vrittis*, den Filtern des Geistes, durch. Liste wiederkehrende Worte, Zeichen, Gefühle oder Gedanken auf. Schränken dich einige davon ein oder halten dich zurück? Inwiefern? Welche hingegen unterstützen, ermutigen oder inspirieren dich?

Balanceakt

abhyasa-vairagyabhyam tan-nirodhah (1:12)
Die Bewegungen des Geistes werden durch Übung
und Akzeptanz zur Ruhe gebracht.

Vor mehreren Tausend Jahren erzählte Äsop die Geschichte von der Ameise und dem Grashüpfer. In dieser Fabel ruht sich der Grashüpfer auf der Wiese aus und genießt den sonnigen Sommertag, während die Ameise fleißig Futter für den Winter sammelt. Der vergnügungssüchtige Grashüpfer bleibt am Ende hungrig, und die Ameise isst ein Festmahl. Harte Arbeit und Disziplin gelten kulturübergreifend als Tugenden und werden durch Parabeln, Fabeln und Lieder vermittelt.

Genau wie Äsops Ameise werden wir stetigen, konsequenten Einsatz *(abhyasa)* für unser Ziel zeigen müssen. Gleichzeitig müssen wir uns mit diesem Einsatz wohlfühlen, und wir müssen die Ergebnisse, die er bringt, akzeptieren *(vairagya)*. Was? Ich soll mich anstrengen und den ganzen Sommer über etwas zu essen sammeln, mich aber nicht darum kümmern, ob ich mein Ziel tatsächlich erreiche und ich einen Vorrat für den Winter habe?

Wie eine Wippe arbeiten diese scheinbar konträren Ideen zusammen und bilden ein Gleichgewicht. Der stetige, konsequente Einsatz führt uns in die richtige Richtung; und die Akzeptanz erlaubt uns, die Reise fortzusetzen, ohne von den Vergnügungen und Belastungen des Alltags zurückgehalten zu werden.

Unsere Ameise konnte Einsatz zeigen, weil sie sich nicht von der Einladung des Grashüpfers, sich zu vergnügen, ablenken ließ. Das bedeutet nicht: nur Arbeit und kein Vergnügen! Denn wer sagt denn, dass die Ameise nach ihrem Arbeitstag nicht zum Yoga oder ins Kino ging?

In unserer Geschichte erreicht die Ameise ihr Ziel. Äsop erzählt uns jedoch nicht, dass sie allergisch auf das gesammelte Futter reagierte und nichts davon fressen konnte. Zuerst war sie natürlich enttäuscht, doch dann kochte sie für den ganzen Ameisenhaufen, schmiss eine Party und lernte dort Frau Ameise kennen, die anderes Futter gesammelt hatte. Manchmal haben wir das Gefühl, dass unser Einsatz umsonst ist, oder er führt uns irgendwohin, wohin wir gar nicht wollten. Dieses Sutra erinnert uns daran, den Weg zu genießen und uns keine Sorgen um das Ergebnis zu machen.

Reflexion

Zähle drei bis fünf Lebensziele auf, auf die du hinarbeitest. Was tust du, um diese Ziele zu erreichen? Welche Ergebnisse erhoffst du dir? Wie sehr haftest du an dem Ergebnis?

tatra sthitau yatno 'bhyasah (1:13)
Übung ist das Bestreben, den Geist zu beruhigen.

....

sa tu dirgha-kala-nairantarya-satkarasevito drdha-bhumih (1:14)
Der Geist wird leicht zur Ruhe gebracht,
wenn man konsequent, anhaltend und aufrichtig übt.

Wir können uns das Bewusstsein unserer selbst nicht mit dem Trichter einverleiben. Das erste Prinzip einer erfolgreichen Übungspraxis ist stetiger Einsatz *(abhyasa)*. Er muss konsequent, über einen langen Zeitraum, ohne Unterbrechung und mit Ehrfurcht erbracht werden.

Konsequenter Einsatz über längere Zeit ergibt Sinn. Die Arbeit voller Ehrfurcht zu tun ist schon schwieriger. Was bedeutet das? Normalerweise ist damit gemeint, dass unsere Übungspraxis als transzendent betrachtet wird, im Gegensatz zu Routinearbeiten oder Gewohnheiten. Wir müssen von der Begeisterung für unsere Übungen angetrieben werden und nicht von Pflichtgefühl oder der Vorstellung, was wir tun sollten.

Wir haben viel Freude beim Üben gefunden und mögen Rohit Mehtas Erklärung aus dem Buch *Yoga. The Art of Integration*: »Der Einsatz muss etwas Fröhliches an sich haben. Yoga ist kein Pfad des Wehs; es ist vielmehr ein Pfad der Freude. Wenn der Einsatz lang anhaltend und ununterbrochen ist, es ihm jedoch an Freude fehlt, dann ist er kaum von Wert. Der Einsatz muss etwas Leidenschaftliches an sich haben, denn man kann nicht wie ein Skelett an die Pforte der Realität gelangen, vollkommen ausgezehrt.«

Reflexion

Definiere, was Freude und Transzendenz für dich bedeuten. Sieh dir deine Liste mit deinen drei bis fünf Zielen an (1:12) und den konkreten Dingen, die du tust, um sie zu erreichen. Bringt der Einsatz, den du investierst, dir Freude? Fühlt es sich wie eine Gewohnheit oder eine Verpflichtung an?

drshtanushravika-vishaya-vitrshnasya
vashikara-samjna vairagyam (1:15)
Akzeptanz entsteht, wenn wir frei von Verlangen sind.

....

tat-param purusha-khyater guna-vaitrshnyam (1:16)
Höchste Akzeptanz führt zum Verständnis
unseres wahren Selbst. Sie entsteht, wenn wir
die wechselhafte Natur des Lebens zulassen.

Die zweite Zutat zu einer erfolgreichen Übungspraxis ist *vairagya*, was man üblicherweise mit »Leidenschaftslosigkeit« übersetzt. Leidenschaftslosigkeit könnte jedoch als Gleichgültigkeit oder Apathie fehlinterpretiert werden, darum wird sie oft als Nicht-Anhaftung oder Akzeptanz beschrieben. Wir finden, dass man es mit »keine Gelüste« gut erklären kann.

Durch das Praktizieren von *vairagya* haben wir keine Gelüste nach etwas anderem. In physischer Hinsicht haben wir keine Gelüste nach Essen, Trinken, Sex, Kleidern oder anderen körperlichen Bedürfnissen und Genüssen. In geistiger und emotionaler Hinsicht wünschen wir uns nicht, dass die Dinge anders wären, als sie es jetzt gerade sind. Wo wir sind, ist genug.

Wenn es uns genug ist, wo wir sind, werden wir durch das, was um uns herum passiert, nicht in emotionalen Aufruhr versetzt. Die Yoga-Sutras erläutern, dass es drei Formen von Energie *(gunas)* gibt, die alles durchströmen. Eine Form ist energetisch, dynamisch. Stell dir die Wellen vor, die sich ein Surfer suchen würde. Die zweite Energieform ist schwer und träge, wie das Wasser eines schlammigen Tümpels. Die dritte ist ausgewogen und harmonisch. Wenn es uns genug ist, wo wir sind, steuern wir unsere Ziele auf einem Boot an, das stabil bleibt, ob das Wasser nun wild hin und her wogt oder träge dahinfließt.

Wenn wir uns voll und ganz einsetzen und dabei alle Erwartungen loslassen, sind *abhyasa* und *vairagya* im Gleichgewicht. Wir werden nicht von den Stürmen des Lebens gebeutelt. Und dann sind Geist, Körper, Herz und Seele vollkommen offen für den gegenwärtigen Augenblick.

Reflexion

Wann fühlst du dich ausgeglichen, harmonisch? Was hindert dich daran, zu akzeptieren, wo du gerade bist?

Vergnügungsfahrt

vitarka-vicharanandasmita-rupanugamat samprajnatah (1:17)
Samadhi ist der Vorgang völliger Versunkenheit,
hervorgerufen durch Nachdenken, innere Einkehr,
Freude und Selbstverständnis.

....

virama-pratyayabhyasa-purvah samskara-shesho 'nyah (1:18)
Samadhi ist auch der Zustand, in den wir gelangen,
wenn der Geist stet ist.

Stell dir vor, du bist in den Alpen. Am oberen Ende einer Skipiste stößt du dich ab und beginnst mit der Abfahrt. Du bewegst dich mit Bedacht, ziehst geschmeidig deine Bögen. Du nimmst Fahrt auf, bleibst aber im Gleichgewicht. Du tanzt auf den Kanten deiner Skier den Abhang hinunter. Es gibt nichts außer dir und diesem Berg.

Du gehst ganz im Skifahren auf, und alles arbeitet in völliger Harmonie zusammen. Du fühlst dich lebendig, verbunden und mit dir und der Welt im Reinen. Du bewegst dich mit Präzision, Anmut, Leichtigkeit. Du bist in deinem Element. Du bist im Flow.

Vielleicht bist du kein Skifahrer, aber wir hatten alle schon ähnliche Erlebnisse: Momente völliger Versunkenheit, außergewöhnlicher Konzentration und erhöhter Bewusstheit. Manche von uns erleben es beim Schreiben, durch die Kunst, beim Musikhören. Manchmal kommt es vor, wenn wir einen Sonnenuntergang betrachten, im Garten arbeiten oder im Yogakurs sind.

In 1960er-Jahren hat Dr. Mihaly Csikszentmihalyi Studien zu diesem Phänomen durchgeführt und den Begriff »Flow« dafür geprägt. Seine Forschungen haben ergeben, dass Geld und dergleichen nur wenig Einfluss auf unser Glück haben. Wir sind am glücklichsten, wenn wir im Flow sind. Laut Csikszentmihalyi ist es unsere Aufgabe, Wege zu finden, immer mehr von diesem Flow-Zustand in unserem Alltag zu erleben – ihn bei der Arbeit zu finden, beim Lernen, bei unseren körperlichen Betätigungen und in unserer Spiritualität. Dies wird letztlich, über die jeweilige Aktivität hinaus, zu besserer Gesundheit und mehr Glück führen.

Der Flow-Zustand ist die perfekte Beschreibung für *samadhi*. Oft übersetzt als »Glückseligkeit« oder »Ekstase«, beschreibt *samadhi* einen Zustand völliger Versunkenheit. Wir sind im Inneren wach. Wir haben unseren Geist zur Ruhe gebracht, wir sind vollkommen präsent und bewusst, wir sind mit allem verbunden und erfahren wirklich unsere Seele und verstehen sie. Diese höchste Ebene des *samadhi* bedeutet, dass es nicht nur während einer einzelnen Aktivität zum Flow kommt, sondern er mühelos in unseren Alltag übernommen wird. Durch Yoga lernen wir, mehr von unserem Leben im Flow zu verbringen.

Wenn das geschieht, können wir ein Leben voller Leichtigkeit führen. »Ein Leben voller Leichtigkeit« ist nicht dasselbe wie »ein leichtes Leben«. Für uns bedeutet es, uns im Klaren darüber zu sein, wer wir sind, und uns von unseren selbst auferlegten Beschränkungen und Erwartungen zu befreien, sodass alles möglich wird.

Reflexion

Wann warst du schon im Flow? Zähle so viele Situationen auf wie möglich, und beschreib sie so detailliert, wie du kannst. Erkennst du irgendwelche Muster? Was hat dich aus diesem Flow-Zustand wieder herausgeholt?

Wir haben viel darüber gesprochen, wann jede von uns beiden im Flow gewesen ist. Kelly ist es oft beim Skifahren, beim Joggen oder beim Yoga. Sie hat erkannt, dass es bei ihr eine körperliche Aktivität ist, bei der sie alle Ablenkungen ausschaltet. Sie kommt aus dem Flow-Zustand heraus, wenn die Aktivität endet. Bei Amy passiert es, wenn sie Raum schafft, um für sich allein zu sein, ob bei einem Kurzurlaub oder bei einem Nachmittagsspaziergang. Wenn Amy dieser Raum fehlt, lässt sie zu, dass ihr einzigartiges Selbst vor all den anderen Funktionen und Pflichten in den Hintergrund tritt.

Die Herangehensweise

bhava-pratyayo videha-prakrti-layanam (1:19)
Samadhi ist ein natürlicher Zustand
für jemanden, der erleuchtet ist.

....

shraddha-virya-smrti-samadhi-prajna-purvakah itaresham (1:20)
Die restlichen von uns müssen Glauben, Leidenschaft,
Achtsamkeit, Stille und gute Urteilskraft nutzen,
um den Weg zum *samadhi* zu unterstützen.

Unser Leben spiegelt unsere Einstellung wider, die Energie unseres Geistes. Wenn wir die Welt wütend, ängstlich oder zynisch betrachten, werden wir leicht in Streitereien, Schuldzuweisungen, Eifersucht und Tratsch verwickelt. Wenn wir dagegen voller Optimismus und Zuversicht auf die Welt zugehen, sind wir offen für Glück, haben größere Widerstandskraft, treffen bessere Entscheidungen und erhöhen unsere Erfolgschancen.

Doch was ist eine Erfolgseinstellung? Die richtige Einstellung, die man für eine erfolgreiche Übungspraxis braucht, besteht aus fünf entscheidenden Elementen: Glaube, Energie, Achtsamkeit, Konzentration und Weisheit.

Glaube *(shraddha)*

Im Yoga ist Glaube kein spirituell basierter oder blinder Glaube an irgendetwas. Es ist der Glaube, in die richtige Richtung zu gehen, der Glaube an unseren Weg, der Glaube, dass unsere Übungspraxis zu einem Leben voller Leichtigkeit führt. Wir wissen vielleicht nicht, wo es uns genau hinführen wird, aber uns erfüllt ein Gefühl der Sicherheit, der Überzeugung und des Mutes im Hinblick auf unsere Reise.

Reflexion

Glaube erfordert Mut. Schreib deine persönliche Definition von Mut auf. Wie wurde sie geformt? Durch Familie, Filme, Erfahrungen? Wie könnte deine Defnition von Mut dich dabei unterstützen, den Flow-Zustand in deinen Alltag zu bringen?

Energie *(virya)*

Erwartest du von deinem Handy, dass es geladen bleibt, wenn du den Akku nicht regelmäßig auflädst? Wir brauchen ebenfalls regelmäßig Energie, Treibstoff und Aufmerksamkeit. Im Sanskrit bezeichnet *virya* die Kraft eines großen Kriegers, seine Feinde zu bezwingen. Dies ist genau die Art von geistiger und körperlicher Energie, Ausdauer, Fleiß und Begeisterung, die wir bei unseren Übungen brauchen. Es ist die Vorstellung, dass wir bekommen, was wir hineinstecken. Es ist das Engagement, immer wieder aufs Neue die Arbeit zu tun, auch wenn Tagebuchschreiben, Meditieren oder die Matte ausrollen weniger reizvoll scheint, als sich auf die Couch zu legen und unsere Lieblingsserie zu gucken.

Reflexion

Was in deinem Leben hat gerade mehr von deiner Energie verdient?

Achtsamkeit *(smriti)*

Üblicherweise wird *smriti* mit »Gedächtnis« übersetzt, aber damit sind keine Erinnerungen gemeint. Es ist vielmehr ein Aufruf, über ein früheres positives Erlebnis nachzudenken, das uns im gegenwärtigen Moment stärken und uns achtsam und bewusst auf unserem Weg halten kann.

Reflexion

Zähle drei Herausforderungen auf, die du überwunden hast. Was hast du in dir selbst verändert, um Erfolg zu haben?

Konzentration *(samadhi)*

Indem wir uns auf unsere körperlichen, geistigen und spirituellen Übungen konzentrieren, schütteln wir Ablenkungen ab und können immer tiefere Ebenen der Konzentration erreichen. Durch Konzentration transzendiert der Zustand des *samadhi* unsere alltäglichen Aktivitäten.

Reflexion

Erstelle eine Liste deiner Ablenkungen. Wähle dann eine Zeit oder Aufgabe, während der du in Ruhe und ohne Ablenkungen dasitzen kannst. Vielleicht ist es beim Mittagessen, während du deine Rechnungen bezahlst oder die Wäsche zusammenlegst. Es sollte aber nicht das Radio oder der Fernseher im Hintergrund laufen. Vielleicht ist es die Zeit beim Frühstück, währenddessen du dein Tablet stumm stellst, oder wenn du im Bett ganz ohne dein Handy bist. Was fällt dir auf? Wie reagieren dein Körper und dein Geist?

Weisheit *(prajna)*

Jeder von uns hat eine innere Stimme, aber wir hören sie nicht immer. Manchmal sind wir zu laut. Manchmal sprechen wir nicht dieselbe Sprache wie unsere innere Stimme. *Prajna* ist nicht das Wissen, das man aus Büchern lernt. Es ist vielmehr die

Art von Weisheit, die uns hilft, die Ablenkungen zum Verstummen zu bringen. Sie lehrt uns zu lauschen, zuzuhören und unsere innere Stimme – unsere Intuition – zu verstehen.

Reflexion

Wenn dein achtjähriges Selbst eine Zeitreise zu dir in die Zukunft machen könnte, was würde es dich jetzt in diesem Moment gern über dich wissen lassen? Welchen Rat würde es dir geben?
Und wenn dein neunzigjähriges Selbst durch die Zeit zu dir zurückreisen könnte, was würde es dir wohl sagen? Was würde es dir raten?

tivra-samveganam asannah (1:21)
Der Zustand des *samadhi* kommt schnell zu dem,
der aufrichtig und fleißig ist.

....

mrdu-madhyadhimatratvat tato' pi visheshah (1:22)
Wie viel Zeit man benötigt, um den Zustand des *samadhi* zu
erreichen, hängt davon ab, wie engagiert man übt –
wenig, mittelstark oder intensiv.

Oft sehen wir nur die Highlights. Die Kritik auf dem Titelblatt der New York Times oder die Besprechung in Oprahs Buchklub. Das spielentscheidende Tor kurz vorm Abpfiff. Die geistreiche Rede bei der Entgegennahme einer Auszeichnung. Wir sehen nicht die disziplinierte Arbeit am Schreibtisch, das stundenlange Üben auf dem Rasen, die Jahre vergeblicher Auditions. Wir sehen den Erfolg, aber nicht die Sorgfalt und Mühe.

Hier sagt uns Patanjali, dass wir erfolgreich sein werden, wenn wir unser Ziel aufrichtig in unserem Herzen tragen und ihm uns wahrhaft verschrieben haben. Wie lange es dauert, hängt davon ab, wie sehr wir uns dafür einsetzen – wenig, mittelstark oder intensiv.

In *The Secret of the Yoga Sutra* zählt Pandit Rajmani Tigunait drei Kategorien des persönlichen Engagements auf: Die erste Person setzt sich nur wenig ein. Sie wartet auf ein Wunder und eine einfache Lösung. Die zweite Person fängt mit dem Üben an, hört aber auf, sobald Hindernisse auf ihrem Weg auftauchen. Die dritte Person kann nichts und niemand aufhalten.

Bist du bereit, die Arbeit zu tun? Oder suchst du nach einfachen Lösungen? Brichst du unter Druck zusammen? Oder schreckst du vor Widrigkeiten nicht zurück und scheust dich nicht, Zeit und Mittel zu investieren, um deine Ziele zu erreichen?

Reflexion

Liste deine Prioritäten auf. Welche davon musst du tun, entscheidest du dich zu tun oder willst du tun? Bei welchen würdest du die Intensität deines Einsatzes gern ändern? Es kann in beide Richtungen gehen, etwa von wenig zu intensiv oder von intensiv zu mittelstark.

Göttliche Verbindung

Ishvara-pranidhanad va (1:23)
Die direktere Methode, um den Zustand des *samadhi*
zu erreichen, ist, sich dem göttlichen Plan hinzugeben.

....

klesha-karma-vipakashayair aparamrshtah
purusha-vishesha Ishvarah (1:24)
Der göttliche Plan ist die Quelle
unseres wahren Wesens und makellos.

....

tatra niratishayam sarvajna-bijam (1:25)
Das Göttliche ist sowohl allwissend als auch das Wissen selbst.

....

purvesham api guruh kalenanavachchedat (1:26)
Das Göttliche hat immer existiert und ist der höchste Lehrer.

Sprechen wir über ein immerwährendes Tischthema: Gott.

Hier sagt uns Patanjali, der schnellste, direkteste Weg, um in Frieden und Leichtigkeit zu leben und in den Flow zu kommen, sei, sich Gott hinzugeben. Das ist kein Schöpfergott, kein Gott in der Höhe oder auch nur oben auf einem Podest.

Ishvara ist die reine Essenz, das universelle Gute, die ewige Liebe, die jedem Ding und jedem Wesen innewohnt. Wie Luft oder Wasser ist dieses Göttliche ein Element, das alles berührt und in allem lebt.

Das Leben verändert sich ständig, aber das Göttliche, das jeden Einzelnen von uns durchzieht, ist beständig, ganz, heil. Wenn wir dies verstehen und annehmen, verleiht es uns Stärke und Unterstützung im Angesicht der Schwankungen, Wechsel und Turbulenzen des Lebens. Ganz gleich, was uns passiert, wir sind miteinander verbunden. Wir sind nicht allein.

Reflexion

Diese Sutras definieren das Göttliche. Schreib auf, was das Göttliche für dich bedeutet. Behalte deine Definition im Kopf und überleg dir, wann du dich am meisten mit dem Göttlichen verbunden fühlst. Wie kannst du mehr von diesem Gefühl in dein Leben bringen?

tasya vachakah pranavah (1:27)
Das Göttliche wird durch den Klang OM ausgedrückt.

....

taj-japas tad-artha-bhavanam (1:28)
Wenn man OM wiederholt und darüber nachdenkt,
offenbart sich die Bedeutung des Göttlichen.

....

tatah pratyak-chetanadhigamo' py antarayabhavash cha (1:29)
Wir begreifen und erleben unsere potenzielle Göttlichkeit, indem wir OM chanten und darüber nachdenken.

Als Kelly mit ihren Übungen anfing, hat sie kaum gechanted, nicht einmal das einfache OM. Man hatte sie noch nie für einen Rockstar gehalten, und sie befürchtete, dass ihre Stimme andere Leute stören könnte. So saß sie einfach nur da und hörte zu, spürte, wie die Stimmen der anderen durch sie hindurchvibrierten, und wartete darauf, dass sie mit ihren Übungen beginnen konnte. Irgendwann hatte sie eine Lehrerin mit einer dröhnenden Stimme und dem Talent, selbst die schüchternsten Schüler zu ermutigen, in die schlichten, schönen Gesänge mit einzustimmen. Sie gab ihr das Zutrauen, es zu versuchen. Und Kelly begriff endlich, dass die Übungen nicht anfingen, nachdem alle OM gesungen hatten, sondern dass dies der Beginn der Übungen war.

OM ist sogar weit mehr als der Beginn unserer Übungen, mehr als eine Einladung anzufangen. Das Symbol und das Wort repräsentieren den göttlichen Faden, der durch das Universum läuft. Es ist eine Widerspiegelung dieser Energie. Indem wir OM üben, wiederholen und darüber meditieren, beginnen wir dieses Göttliche zu begreifen und können uns damit verbinden. Durch OM verbinden wir uns mit unserem inneren Wesen und können Hindernisse überwinden.

Stell dir eine Eislaufbahn vor, auf der mehrere Tage lang ununterbrochen Schlittschuh gelaufen wurde. Die Furchen im Eis sind tief, und die Kufen der Schlittschuhe bleiben leicht darin hängen. Der Geist funktioniert auf dieselbe Art und

Weise. Gedanken, Gefühle oder Bilder, die sich immer neu wiederholen, bilden eine Furche, die man nur schwer wieder verlassen kann. OM ist wie eine Eisbearbeitungsmaschine für den Geist. Es spürt die Dinge, die uns ein Bein stellen wollen, auf und bügelt sie glatt. Es ist ein mentaler Reset.

Und dafür gibt es wissenschaftliche Belege. Eine Studie, die im International Journal of Yoga veröffentlicht wurde, stellte fest, dass das Chanten von OM die Aktivität im limbischen System reduziert, dem Teil des Gehirns, der mit Stress und Gefühlen in Zusammenhang gebracht wird. In einer weiteren Studie fanden Forscher des US-amerikanischen National Institutes of Health heraus, dass sich bei Menschen, die *kirtan kriya* (eine meditative Yogaform mit Chanten) praktizierten, die Stimmung sowie die psychische Gesundheit deutlich besserte. Diese Studien stimmen mit anderen Forschungsergebnissen überein, die zeigen, dass Singen, Musikmachen und Musikhören den Spiegel des Stresshormons Cortisol senken kann.

Falls Chanten nichts für dich ist, gibt es auch andere Möglickeiten, mit dem OM zu meditieren. Du kannst anderen Leuten zuhören oder dir Aufnahmen des OM anhören. Du kannst das Wort aufschreiben. Du kannst das Symbol zeichnen oder ausmalen. Studien haben ergeben, dass auch stummes Wiederholen eine Wirkung hat. Eine Studie wies nach, dass das stumme Aufsagen von OM subjektiv die Stimmung verbessern kann. Andere Studien haben gezeigt, dass allein die Vorstellung, Musik zu machen, die Verbindungen zwischen den Nervenzellen stärkt. Die Kraft von OM ist größer als der Klang, den man hört.

Reflexion

Denk dir eine Übung mit OM aus. Nimm dir in den nächsten sieben Tagen jeweils fünf Minuten Zeit, um diese Übung zu machen. Schreib in dein Tagebuch, wie du dich danach fühlst.

Beschwerden

vyadhi-styana-samshaya-pramadalasyavirati-bhranti-darshanalabdha-bhumikatvanavasthitatvani chitta-vikeshpas te 'ntarayah (1:30)
Krankheit, Aufschub, Zweifel, Achtlosigkeit, Faulheit, Verlangen, Verwirrung, Apathie und Instabilität sind die Hindernisse, die in verschiedener Hinsicht Leid erzeugen.

....

duhkha-daurmanasyangam-ejayatva-shvasa-prashvasa vikshepa-saha-bhuvah (1:31)
Die Hindernisse, die Leid verursachen, zeigen sich als geistige Unruhe, körperliches Zittern und unregelmäßige Atmung.

Es ist leicht, im Alltag abgelenkt zu werden. An einem typischen Tag nimmt der Durchschnittsmensch Informationen auf, die dem Inhalt von 174 Zeitungen entsprechen. Zusätzlich sieht er circa fünf Stunden fern. Pro Stunde vor dem Computer switchen wir durchschnittlich zwischen 37 offenen Bildschirmfenstern hin und her. Und wir werden minütlich mit Text- und Sprachnachrichten, E-Mails, Tweets und Facebook-Updates bombardiert.

Dies alles ist mittlerweile zu einem Lieblingsthema für Hirnforscher geworden, die den Multitasking-Mythos schnell zerstört haben. In den meisten Situationen erledigen wir nicht wirklich mehrere Dinge gleichzeitig; wir springen mit unserer Aufmerksamkeit zwischen den verschiedenen Aktivitäten hin und her. Infolgedessen brauchen wir tatsächlich länger, um alles zu erledigen. Und es kann langfristige Auswirkungen auf unsere Konzentrationsfähigkeit und Kreativität haben.

Patanjali mag vom Piepsen der Technologie noch nicht gestört worden sein, aber er hat auch schon etwas von Ablenkung verstanden und neun grobe Kategorien beschrieben: Krankheit, Aufschub, Zweifel, Achtlosigkeit, Faulheit, Verlangen, Verwirrung, Apathie und Instabilität (Rückfall). Wir erkennen sie als das, was sie sind, oder als die zugrunde liegende Ursache einiger unserer modernen Verhaltensweisen.

In manchen Fällen sind diese Ablenkungen harmlos. Patanjali sagt jedoch: Wenn wir zulassen, dass sie unsere Übungspraxis stören, führen sie zu psychischem oder physischem Leid, Traurigkeit, Unruhe und Angst. Ein paar Minuten durch Facebook zu scrollen ist nicht schlimm – bis die dort geschönten Leben Konkurrenzdenken, Neid, Einsamkeit oder Ängste hervorrufen.

Reflexion

Bei den Sutras 1:19 und 1:20 hast du deine Ablenkungen aufgezählt. Sieh dir deine Liste an, und ordne jede Ablenkung einer von Patanjalis neun Kategorien zu. Finden sich die meisten deiner Ablenkungen unter einer dominanten Kategorie?

Gegenmittel

tat-pratishedhartham eka-tattvabhyasah (1:32)
Spirituelle Einsgerichtetheit ist der beste Weg,
um diese Hindernisse zu beseitigen.

Beim Yoga sprechen wir davon, Einsgerichtetheit zu kultivieren. Dabei geht es um das genaue Gegenteil von Multitasking. Es ist das Gegenmittel für unsere Ablenkungen. Wir schaffen einen einzigen Fokus, auf den sich unser Geist konzentrieren kann – unseren Atem, einen Vorsatz, den Klang OM. Mit der Zeit stärkt diese kontinuierliche Übung oder Disziplin unsere Fähigkeit, eine Yogaposition zu halten oder längere Zeit zu meditieren. In den folgenden Sutras gibt Patanjali mehrere Möglichkeiten zur Auswahl, auf die wir uns fokussieren könnten. Zusätzlich zu den Schreibinspirationen für dein Tagebuch schlagen wir dir Übungen vor, die dir helfen sollen, Patanjalis Rat zu befolgen und einzuschätzen, wie du dich davor und danach fühlst. So findest du die Methoden und Techniken, die dir am meisten helfen.

maitri-karuna-muditopekshanam sukha-duhkha-punyapunya-vishayanam bhavanatas chitta-prasadanam (1:33)
Oder der Geist bleibt stet und ruhig, wenn wir
mit der richtigen Haltung auf Situationen reagieren.

In einer perfekten Welt wären wir von freundlichen, rücksichtsvollen, großzügigen Menschen umgegeben. Sie würden unsere Scherze verstehen, und wir würden uns über ihre kaputtlachen. Wir würden ihre Erfolge feiern, und sie würden auf unsere anstoßen. In der Realität sind Menschen gereizt und mürrisch; sie können uns buchstäblich in den Wahnsinn treiben – selbst die ewig strahlenden Sonnenscheinchen. Dieses Sutra gibt uns einen greifbaren und simplen – wenn auch nicht einfachen – Ansatz, mit anderen umzugehen, damit wir klar und gelassen bleiben.

Zu jedem Zeitpunkt gibt es vier Einstellungen, die die Atmosphäre eines Moments bestimmen: Glück oder Unglück, Tugend oder Boshaftigkeit. Wir können die Ruhe bewahren, indem wir mit Freundlichkeit, Mitgefühl, Freude und Zurückhaltung reagieren.

Sei glücklich mit denen, die glücklich sind

Es mag einfach scheinen, aber häufig reagieren wir auf gute Neuigkeiten – die Verlobung einer Freundin, die Beförderung eines Kollegen – mit Neid oder Selbstzweifeln. Das Glück anderer Menschen kann ein Auslöser für unsere eigene Frustration und Enttäuschung sein. Doch wenn wir die Freude oder das glückliche Los eines anderen Menschen wirklich teilen können, geben wir unserem eigenen Glück Auftrieb. Eine Möglichkeit, dies zu praktizieren, ist, sich absichtlich mit glücklichen Menschen zu umgeben, damit wir dasselbe Glück kultivieren können.

Finde Mitgefühl für die, die unglücklich sind

Man fragt sich leicht, ob das Unglück eines anderen die Folge falscher Entscheidungen ist. Schnell empfindet man die Bedürfnisse eines anderen als Bürde oder fühlt sich in sein Unglück hineingezogen.

Wenn jemand verletzt ist, ganz gleich aus welchem Grund, braucht er zunächst einmal Mitgefühl. Das zu geben fällt manchmal schwer, also dreh es einmal um: Was brauchst du, wenn du unglücklich bist? Kannst du das jemandem geben? Kannst du es dir selbst geben?

Freu dich für die Tugendhaften

Es ist wichtig zu verstehen, dass mit tugendhaft hier nicht rechtschaffen oder fromm gemeint ist. Um es so einfach wie möglich auszudrücken: Es bedeutet, das Richtige zu tun. Es ist die Kombination der guten Eigenschaften eines Menschen – Integrität, Bescheidenheit, Großzügigkeit – und der Arbeit, die sie in das hineingesteckt haben, was sie erreicht haben.

Manchmal versuchen wir, andere herunterzuziehen, um uns selbst größer zu machen. Zum Beispiel, wenn unsere Kollegin befördert wird und wir denken: »Warum gerade sie?« oder: »Die hatte bloß Glück«. Dann machen wir ihre Leistung klein, damit wir uns besser fühlen. Doch Patanjali sagt, dass wir anerkennen und respektieren sollten, wie viel Konzentration und Disziplin in dem Erreichten stecken. Wir sollten solche Errungenschaften feiern. Wenn wir das schaffen, wenn wir Freude und Glück daran finden können, wie gut andere sind, dann kultivieren wir diese guten Eigenschaften in uns selbst. Der Nebel des Neids kann sich lichten, und wir werden durch die Erfolge der Menschen um uns herum inspiriert.

Sei den Bösen gegenüber zurückhaltend

Wenn das Verhalten eines anderen gegen unsere Werte oder Überzeugungen verstößt, ist es nur natürlich, diese zu verteidigen. Es ist leicht, jemanden zu verurteilen, ihm eine Predigt zu halten oder sogar wütend zu werden. Oft schafft das jedoch nur weitere Konflikte. Normalerweise wird dieses Sutra im Sinne von Gleichgültigkeit oder Nichtbeachtung übersetzt, aber daraus könnte man schließen, dass wir Ungerechtigkeit, Korruption und Unehrlichkeit ignorieren sollen. Dieses Sutra schlägt jedoch keineswegs vor, dass wir nicht handeln sollen, sondern sagt uns, wie wir handeln sollen – mit Zurückhaltung und Gleichmut. Es erinnert uns daran, uns auf eine Art und Weise einzumischen, die nicht gewaltsam ist, nicht verletzend. Es erinnert uns daran, aus Liebe und dem gemeinsamen Göttlichen heraus zu handeln.

Wichtig ist zu erkennen, dass wir bei uns selbst anfangen müssen. Wenn wir unsere persönlichen Erfolge feiern können, mitfühlend mit uns selbst umgehen können, Freude an unseren Leistungen haben und uns unsere Fehler verzeihen, wird das Leben leichter und glücklicher.

Reflexion

Erinnere dich an Personen, mit denen du Schwierigkeiten hast, und bestimme, in welche der vier Kategorien sie gehören. Sind sie glücklich, unglücklich, tugendhafter als du oder einfach nur negativ? Wie reagierst du normalerweise auf sie? Wie kannst du mit ihnen umgehen, wenn du Patanjalis Rat befolgst? Probier es aus. Berichte in deinem Tagebuch über die Erfahrung und deine Gefühle dabei.

prachchardana-vidharanabhyam va pranasya (1:34)
Oder der Geist wird klar durch kontrolliertes Atmen,
besonders Ausatmen und Atemanhalten.

Denk daran, wie der Atem sich verändert, wenn wir glücklich, entspannt, wütend, traurig oder gestresst sind. Wenn wir glücklich und entspannt sind, ist unser Atem lang und regelmäßig. Wenn wir wütend sind, atmen wir schnell. Wenn wir Angst haben, ist unser Atem flach. Manchmal halten wir ihn an.

Manchmal ist er unregelmäßig. Eine Möglichkeit, ruhig zu bleiben, erklärt Patanjali, besteht darin, den Atem zu regulieren.

Der Rat, »einmal tief durchzuatmen«, mag banal, abschätzig, nervig oder klischeehaft klingen, es steckt jedoch solide Wissenschaft dahinter. Wenn unsere Atemzüge beim Ausatmen nur etwas länger sind als beim Einatmen, teilt der Vagusnerv (der sich vom Hals bis zum Zwerchfell schlängelt) dem Nervensystem mit, sich zu beruhigen. Unser Puls verlangsamt sich, der Blutdruck sinkt, die Blutgefäße entspannen sich, und unser ganzer Körper wird physisch ruhiger.

Reflexion

Schätze auf einer Skala von eins bis fünf ein, wie ruhig, klar und fokussiert du dich fühlst (eins = zenartig und fünf = vollkommen aufgewühlt).

Mach es dir bequem, und achte auf deinen Atem, ohne zu versuchen, ihn zu verändern – achte auf seinen Rhythmus, seine Tiefe, irgendwelche Unregelmäßigkeiten. Fang nach ein paar Minuten mit der sogenannten Ha-Atmung an, die die Zwerchfellatmung unterstützt. Atme langsam und geschmeidig durch die Nase ein. Öffne den Mund, und atme mit einem gehauchten Haaaaaaaa aus, bis deine Lungen vollkommen leer sind. Mach mit leer geatmeter Lunge Pause und zähle bis drei. Wiederhole das zehn Runden lang und mach Pausen, falls nötig. Wenn du fertig bist, kehre wieder zur normalen Atmung zurück und achte darauf, ob du Unterschiede zu vorher feststellst.

Bewerte nun noch einmal auf einer Skala von eins bis fünf, wie ruhig, klar und fokussiert du dich fühlst. Schreib über deine

Erfahrung ein paar Sätze in dein Tagebuch. Hat dir die Übung geholfen? Fühlst du dich danach anders? Inwiefern?

---

vishayavati va pravrttir utpanna manasah
sthiti-nibandhani (1:35)
Oder das Kultivieren von Bewusstheit kann uns einen tieferen Sinn von Ruhe und Gegenwärtigkeit geben.

So viele von uns leben in ihrem Kopf – wir wälzen die Dinge in unserem Kopf herum, erzählen uns die Situation immer wieder, planen den nächsten Schrittt. Wir verheddern uns leicht in unseren Gedanken, sodass wir nicht im Augenblick präsent sind. Wir sind so damit beschäftigt, uns unsere eigene Lebensgeschichte zu erzählen, dass wir nicht aufmerksam und gegenwärtig leben. Eine weitere Möglichkeit, ruhig zu bleiben, besteht laut Patanjali darin, aus unserem Kopf herauszukommen und uns durch unsere Sinne zu fokussieren.

Was bedeutet das? Ein modernes Beispiel ist das Waldbaden, eine japanische Achtsamkeitsübung. Sie besteht darin, die Natur mit allen Sinnen in sich aufzunehmen. Kelly arbeitete einmal an einem Artikel über diesen Trend. Am Ende eines langen Tages, an dem das Geschirr immer noch ungespült in der Küche stand, war sie gestresst, weil sie immer noch etwas auf ihrer To-do-Liste stehen hatte, selbst wenn es nur um das Sitzen in der Natur ging. Ihr innerer Monolog hämmerte los und lenkte sie ab. Um sich zu fokussieren, ordnete sie alles um sie herum ihren verschiedenen Sinnen zu. Sie sah den hellblauen Himmel. Sie hörte, wie die Vögel sich am Ende des Tages gegenseitig zuzwitscherten. Sie spürte das Gras zwischen ihren Zehen, den Wind auf ihren Armen. Sie roch den schwachen Geruch von Kohle. Sie war so damit beschäftigt, die Welt um sich herum wahrzunehmen, dass sie ruhig und und ganz im Augenblick involviert war. Ihre innere Stimme, die sie an ihre To-do-Liste erinnerte, war zum Schweigen gebracht worden.

Unsere Sinne funktionieren normalerweise auf Autopilot. Wir nutzen sie, um unentwegt haufenweise Informationen aufzunehmen – das Brummen eines vorbeifahrenden Autos, die blassblaue Farbe der Bürowände. Unser Geist filtert das meiste davon heraus, solange es nicht potenziell wichtig oder nützlich ist. Wenn wir uns einmal ganz unseren Sinnen zuwenden, hilft uns das, uns in den Augenblick und unser Erleben zu vertiefen.

Reflexion

Schätze auf einer Skala von eins bis fünf ein, wie ruhig, klar und fokussiert du dich fühlst (eins = zenartig und fünf = vollkommen aufgewühlt).

Das Schöne daran, Bewusstsein zu kultivieren, ist, dass es man es überall tun kann. Also, wo immer du bist: Mach es dir bequem, stell eine Stoppuhr auf mindestens fünf Minuten, und katalogisiere in deinem Geist alles, was du siehst, riechst, hörst und fühlst. Wenn noch Zeit ist, beginne von Neuem mit der Bestandsaufnahme.

Bewerte nun noch einmal auf einer Skala von eins bis fünf, wie ruhig, klar und fokussiert du dich fühlst. Schreib über deine

Erfahrung ein paar Sätze in dein Tagebuch. Hat dir die Übung geholfen? Fühlst du dich danach anders? Inwiefern?

vishoka va jyotishmati (1:36)
Oder indem wir die Bewusstheit unseres inneren Göttlichen kultivieren, schaffen wir einen friedlichen, ruhigen Geist.

Du wirst, was du denkst. Wenn wir unsere Aufmerksamkeit auf die dunklen Ecken richten – Wut, Frustration, Zynismus, Zweifel, Enttäuschung oder Angst –, dann fühlen wir uns weiter unruhig und unbehaglich. Wir können aber unseren Geist beruhigen, indem wir uns auf unser inneres Licht, unsere innere Güte konzentrieren. In einfachen Worten erinnert uns dies daran, dass wir bereits gute, wertvolle Eigenschaften besitzen.

Reflexion

Wenn wir uns verlieben, erfüllen uns ganz von selbst Bewunderung, Dankbarkeit, Wertschätzung und Freundlichkeit für die geliebte Person. Wir sehen nur das Beste in ihr. Es fällt uns oft schwerer, denselben Funken in uns selbst zu erkennen oder dieselbe Liebe für uns zu fühlen. Deshalb schreibst du heute einen Liebesbrief an dich selbst.

vita-raga-vishayam va chittam (1:37)
Oder wir bringen den Geist zur Ruhe, indem wir uns auf jemanden konzentrieren, der friedlich und tugendhaft ist.

Vom Anfang unseres Lebens an haben wir von anderen Menschen gelernt. Wir haben uns ihr Verhalten zum Vorbild genommen und sind von ihnen inspiriert worden – von unseren Eltern, Freunden, Prominenten, Lehrern. Es ist eine der Arten, wie wir von der Welt lernen und wie wir erfolgreich mit ihr interagieren. Und hier sagt Patanjali, dass wir unseren Geist zur Ruhe bringen können, indem wir uns auf jemanden konzentrieren, der die Eigenschaften und Merkmale verkörpert, die wir erreichen möchten. Betrachte dies als positive Alternative zu deiner Mom, die dir früher sagte, dass du nicht mit bestimmten Kindern herumhängen sollst. Dieses Sutra gibt deiner Mutter recht – wir werden wie die Menschen, mit denen wir uns umgeben. Indem wir die Gesellschaft von guten Menschen suchen, die bereits so sind, wie wir werden wollen, lernen wir, deren Eigenschaften zu kultivieren.

Reflexion

Wie schon bei Sutra 1:20 besprochen, ist der Glaube einer der Schlüssel zu einer erfolgreichen Haltung. Sich inspirieren zu lassen ist eine Glaubenslektion. Wir alle wurden schon von jemandem inspiriert, der ein enormes Hindernis überwunden hat oder eine Eigenschaft besitzt, die wir bewundern und uns erarbeiten möchten. Wenn wir sehen, dass so etwas möglich ist, verstärkt das den Glauben. Zähle daher drei Personen auf, die dich inspirieren oder die du bewunderst. Was an diesen Menschen lässt dich wachsen? Was macht sie göttlich und menschlich zugleich?

---

svapna-nidra-jnanalambanam va (1:38)
Oder der Geist kann ruhig werden,
wenn er durch Schlaf und das Wissen
erleuchtender Träume unterstützt wird.

In unserer Kultur haben wir beim Thema Schlaf eine Kehrtwende hingelegt. Wenige Stunden Schlaf pro Nacht galten früher als Ehrenabzeichen unter Konzernchefs, Präsidenten und Führungskräften, die ihre Erfolge ihrem geringen Schlafbedürfnis zuschrieben. Heute arbeiten Unternehmen wie Accenture und Uber an Anti-Burn-out-Programmen, die einen großen Schwerpunkt auf die Bedeutung des Schlafs legen. Andere Unternehmen, wie zum Beispiel Aetna, bieten sogar Schlafboni an. Außerdem gibt es ein wachsendes Angebot von Schlafkursen, Schlaf-Apps und anderen Gadgets, die uns helfen sollen, schneller einzuschlafen, besser und länger zu schlafen oder eine Auszeit für ein Nickerchen zu nehmen. Wir erkennen endlich, dass Schlaf eine der wirksamsten Möglichkeiten ist, um unser Gehirn und unseren Körper wieder zu resetten.

Wie sich herausstellt, waren die alten Yogis ihrer Zeit Tausende von Jahren voraus. Sie haben vier Zustände des Bewusstseins beschrieben: unseren gewöhnlichen Wachzustand; einen aktiven Traumzustand; den Tiefschlaf, in dem unser Geist stet und still ist; und einen wachen, aber meditativen Zustand, in dem unser Geist intensiv mit dem gegenwärtigen Moment beschäftig ist. Indem wir erholsamen, ununterbrochenen Schlaf fördern, können wir diesen meditativen Zustand in unseren Alltag hereinholen. Wenn wir uns ausruhen und uns »zurücksetzen«, sorgen wir dafür, dass wir in unserem Alltag gegenwärtiger und bewusster sind.

Reflexion

Die meisten von uns beginnen den Morgen mit Routinen und Ritualen, die sie auf den Tag einstimmen – Zähneputzen, Kaffeekochen, Gymnastik. In ähnlicher Weise sollten wir Abendrituale schaffen, die uns auf einen erholsamen Schlaf vorbereiten. Zu Amys Zubettgehritualen gehört es, mit ihrem Partner drei Dinge auszutauschen, für die die beiden dankbar sind, einen Vorsatz für den nächsten Tag zu fassen und entweder ein paar entspannende Yogaübungen zu machen oder still zu meditieren. Kelly träufelt ein paar Tropfen Lavendel- oder Thievesöl in ihren Luftbefeuchter und liest ein Buch, das nichts mit ihrer Arbeit zu tun hat.
Stell dir selbst ein Zubettgehrezept aus, das entspannende und beruhigende Rituale beinhaltet. Denk daran, dass es kein Einheitsrezept gibt. Wichtig ist, dass dein Rezept anregende Dinge eliminiert und Entspannung fördert. Übe es in der nächsten Woche, und nimm dir jeden Morgen ein paar Minuten Zeit, um in dein Tagebuch zu schreiben, wie du in der Nacht zuvor

geschlafen hast. Wie hat sich am Ende dieser Woche dein Schlaf verändert? Wie fühlst du dich?

---

yathabhimata-dhyanad va (1:39)
Oder wir beruhigen den Geist, indem wir unsere
Aufmerksamkeit auf einen besonderen
Gegenstand lenken, der uns aufheitert.

Nachdem Patanjali eine Vielzahl von Techniken aufgezählt hat, mit denen der Geist beruhigt und stabilisiert werden kann, rät er uns, einfach irgendeinen Gegenstand zu finden. Dieser sollte mit Bedacht gewählt werden, damit er unsere Übungen unterstützt und bereichert.

Mandalas, Rosenkränze oder eine Buddhastatue sind ein paar der traditionellen Möglichkeiten. Wir können auch Gebete, Mantras, friedliche Musik oder die Natur nutzen. Was immer wir uns aussuchen, wir sollten uns bei der Auswahl Zeit lassen – und etwas wählen, das uns glücklich macht oder inspiriert.

Als Amy zum ersten Mal nach Indien kam, reiste sie ohne Schmuck. Als sie im Aschram ankam, bemerkte der Guru dies und fragte sie, warum. Sie erklärte, dass sie so sicherer und leichter reisen wollte. Er antwortete, dass es wichtig sei, Symbole der spirituellen Übungspraxis zu tragen. Sie sind die Ankersteine, die uns an unseren Weg erinnern, so wie andere ein Kreuz um den Hals tragen, eine Mala am Handgelenk oder einen Kristall in der Hosentasche haben.

Reflexion

Was heitert dich auf? Beschreib ein paar Situationen detailliert. Identifiziere die Muster und Merkmale jeder dieser Erfahrungen. Finde ein Wort oder zwei, die alles zusammenfassen. Mit diesem Wort im Kopf wähle dann einen Gegenstand, den du an deinem Körper tragen oder in deiner Nähe aufbewahren kannst und der diese Eigenschaft symbolisiert. Wenn du dich im Verlauf der nächsten Woche unsicher, ängstlich oder niedergeschlagen fühlst, wende dich deinem Gegenstand zu und denk über die Eigenschaften nach, die er verkörpert. Halte deine Erfahrungen in deinem Tagebuch fest.

Kelly heitert es zum Beispiel auf, wenn nichts Dringendes auf ihrer To-do-Liste steht und sie das Gefühl hat, dass sie tatsächlich frei entscheiden kann, wie sie ihre Zeit verbringt, ob sie nun Zeitung lesen oder mit ihrer Familie wandern gehen will. Dann fühlt sie sich frei und uneingeschränkt. In Kellys Büro hängen zwei unterschiedliche Pläne von Paris und eine antike Mineralwasserflasche, die sie dort auf einem Flohmarkt gekauft hat. Sie sind Ankersteine für eine Zeit, in der sie ohne Verpflichtungen durch die Straßen schlendern konnte. Diese Gegenstände beinhalten für sie genau diese ersehnten Qualitäten und heitern sie auf.

Reflexion

In den letzten sechs Sutras (1:34 bis 1:39) haben wir verschiedene Methoden erkundet, um den Geist zu klären und zu beruhigen. Denk über deine Erfahrungen mit jeder Methode nach, und schreib auf, welche für dich am effektivsten war und warum.

Endstation Zen

paramanu-parama-mahattvanto 'sya vashikarah (1:40)
Allmählich erstreckt sich unsere Erkenntnis
vom Endlichen zum Unendlichen.

....

kshina-vrtter abhijatasyeva maner grahitr-grahana-grahyeshu
tat-stha-tad-anjanata samapattih (1:41)
Volle Erkenntnis tritt ein, wenn wir die Hindernisse verringern,
bis zu dem Punkt, wo der Geist klar und transparent ist.
In diesem Zustand gibt es keinen Unterschied zwischen uns,
dem Wissen und dem Wissbaren.

....

tatra shabdartha-jnana-vikalpaih sankirna
savitarka-samapattih (1:42)
Weitere Erkenntnis tritt ein, wenn Name,
Form und Bedeutung sich verbinden.

....

smrti-parishuddhau svarupa-shunyevartha-matra-nirbhasa nirvitarka (1:43)
Wenn wir vollkommen gegenwärtig sind und nicht durch unsere Erinnerungen getrübt werden, wird der Gegenstand oder Augenblick vollkommen verstanden.

....

etayaiva savichara nirvichara cha sukshma-vishaya vyakhayata (1:44)
Prüfung und Einsicht erlauben uns, subtile Gegenstände auf dieselbe Weise zu verstehen.

....

sukshma-vishayatvam chalinga-paryavasanam (1:45)
Totale Versunkenheit tritt ein, wenn es keinen Namen, keine Form, keine Bedeutung mehr zu wissen gibt.

....

ta eva sabijah samadhih (1:46)
Um die vorherigen Zustände des *samadhi* zu erreichen, wird ein Gegenstand als Fokus genommen.

....

nirvichara-vaisharadye dhyatma-prashadah (1:47)
Im nächsten Stadium des *samadhi* führt uns unser inneres Licht.

....

rtam-bhara tatra prajna (1:48)
In diesem Zustand leben wir in der Wahrheit.

....

shrutanumana-prajnabhyam anya-vishaya vishesharthatvat (1:49)
Diese Wahrheit ist größer als Wissen, das man durch Lernen oder Schlussfolgern gewinnt.

....

taj-jah, samskaro 'nya-samskara-pratibandhi (1:50)
Die Weisheit, die in diesem Zustand gewonnen wird,
löscht alle anderen falschen Eindrücke aus.

....

tasyapi nirodhe sarva-nirodhan nirbijah samadhih (1:51)
Wenn selbst die wahren Eindrücke ruhen,
haben wir die höchste Ebene des *samadhi* erreicht.

In den vorherigen Sutras bietet Patanjali verschiedene Methoden an, um einen einigermaßen klaren und ruhigen Geist zu bekommen. Nun beendet er das erste Buch, indem er uns etwas darüber sagt, wie tief die Konzentration sein kann und welche Möglichkeiten es gibt, wenn der Geist ruhig und friedlich ist.

Er erinnert uns auf radikale und tiefgründige Weise daran, auf was wir hinarbeiten: Der Geist kann so klar und friedlich werden, dass uns schmerzliche Gedanken nicht mehr stören. Mit Übung und im Laufe der Zeit werden wir zur Klarheit der Gedanken, inneren Ruhe, Stabilität und Leichtigkeit kommen. Unsere Aufmerksamkeit wird unerschütterlich und unbeirrbar werden. Wir werden tiefe Freude empfinden, umfassende Erkenntnis erlangen und unsere Intuition erwecken. Im nächsten Buch erklärt Patanjali, wie wir dies konkret tun können – durch die Übungen des Yoga, das allmähliche Arbeiten nach innen.

Reflexion

Buch eins beschreibt den höchsten freudevollen Zustand, auf den wir hinarbeiten. Patanjali sagt uns, dass wir Einsatz und Leichtigkeit, Disziplin und Akzeptanz in ein gesundes Gleichgewicht bringen müssen. Und er betont, dass Einsatz und Disziplin mit Freude erbracht werden sollten. Für uns ist Freude eines der Themen von Buch eins. Behalte dies im Kopf, und schreib in dein Tagebuch, was dir Freude bereitet. Was an deinen Übungen erfüllt dich mit Freude? Wie helfen dir deine Übungspraxis und dein Tagebuchschreiben dabei, Freude zu kultivieren?

BUCH ZWEI
Sadhana Pada

Wir erwarten nicht, dass wir uns fließend in einer Fremdsprache unterhalten können, nachdem wir sie einen Monat lang gelernt haben. Selbstverwirklichung können wir ebenso wenig künstlich beschleunigen. Wir müssen erst die Theorie verstehen, bevor wir uns an die Arbeit machen können. Nachdem wir in Buch eins viele der Prinzipien des Yoga gelernt haben, sind wir vielleicht bereit und begierig darauf, uns in die einzelnen Disziplinen zu stürzen. Dennoch benötigt Patanjali noch fast 30 Sutras, um uns dort einzuführen. Wir müssen begreifen, welche Handlungen geeignet sind.

Etwas Neues anzufangen, ob es nun darum geht, eine neue Sprache zu lernen oder unser wahres Wesen zu entdecken, kann entmutigend sein. Es wird Herausforderungen geben, Momente des Zweifels und der Frustration. Wir werden unseren falschen Wahrnehmungen und unserem Unbehagen ins Auge sehen und daran arbeiten müssen. Daher bereitet uns Patanjali in der ersten Hälfte des zweiten Buches darauf vor, bei unseren unangenehmen Gefühlen zu verweilen und zu lernen, wie wir sie zu unserem Vorteil nutzen können. Sobald wir das verstanden haben, lehrt uns Patanjali die Praktiken des Ashtanga-Yoga.

Ashtanga bedeutet acht *(ashta)* Glieder oder Sprossen *(anga)*. Es beschreibt eine systematische Disziplin, mit der wir unsere Beziehungen zur Welt, zu anderen, zu unserem Körper, unserem Geist und unserer Seele verbessern können. Fünf von diesen acht Gliedern werden im zweiten Buch vorgestellt. Wenn man versteht, warum Patanjali die letzten drei erst im dritten Buch einführt, versteht man auch den Titel des zweiten Buches: *Sadhana Pada*.

Sadhana bedeutet spirituelle Übungspraxis. Es ist wichtig, sich daran zu erinnern, dass es bei einer spirituellen Übungspraxis ganz und gar nicht um Religion geht. Es geht darum, das Leben so wahrzunehmen, wie es wirklich ist, und sich mit dem Göttlichen in uns zu verbinden. Dafür sind äußerliche Bemühungen und Verbesserungen erforderlich. Durch diesen Einsatz und die Praktiken der ersten fünf Glieder kommen wir zu den letzten drei, die ausschließlich die innere Welt betreffen. Buch zwei beginnt mit einer beruhigenden Bemerkung über den Yoga der Handlung: Wenn die richtigen Handlungen zusammen ausgeführt werden, werden wir mit Gewissheit Erfolg haben.

Gewohnheitstiere

tapah-svadhyayeshvara-pranidhanani kriya-yogah (2:1)
Yoga der Handlung oder Kriya-Yoga ist das Üben
von Disziplin, Selbsterforschung und Glauben.

....

samadhi-bhavanarthah klesha-tanu-karanarthash cha (2:2)
Durch dieses Üben verschwinden die Ursachen
des Leids; man gewinnt Frieden und Leichtigkeit.

Am Ende des ersten Kapitels erfuhren wir, wie ein klarer und stiller Geist aussieht und welche außergewöhnlichen Ergebnisse er bringt. Auf dieser Grundlage aufbauend erklärt uns Patanjali nun, dass wir unsere ungesunden geistigen und emotionalen Angewohnheiten durch Disziplin, Selbsterforschung und Glauben verändern können. Die drei Praktiken, die als Kriya-Yoga oder Yoga der Handlung bekannt sind, arbeiten zusammen und sind die Keime, aus denen unsere restliche Übungspraxis erwächst.

Auch hier waren die alten Yogis ihrer Zeit wieder voraus. Patanjali beschrieb im Wesentlichen, was die Forschung mittlerweile über Gewohnheiten nachgewiesen hat. Unsere früheren Erfahrungen dienen uns als geistige Richtlinien. Sie sagen uns, welche Verhaltensweisen funktioniert haben und welche nicht, und können so wiederum zu neuen Gewohnheiten führen oder eine automatische Reaktion auf eine Situation bewirken.

Wir entwickeln, was Wissenschaftler eine Gewohnheitsschleife nennen. Ein Reiz – Zeit, Ort, Person, Geräusch, Geruch – löst ein geistiges, emotionales oder physisches Verhalten aus, das zu einer Belohnung oder vermeintlichen Belohnung führt. Ein Beispiel: Es ist Morgen (Reiz), also bürste ich mir die Zähne (Gewohnheit), und mein Mund fühlt sich gut an (Belohnung); oder ich treffe meine Freundin Kate (Reiz) auf ein paar Drinks (Gewohnheit), und ich bekomme gute Laune durch die Unterhaltung und die Cocktails (Belohnung).

Forscher haben festgestellt, wie wir gutes Verhalten fördern und schlechte Gewohnheiten brechen können: Wir müssen erst die Reize und Routinen identifizieren (Selbsterforschung) und kleine schrittweise Änderungen oder Ersatzhandlungen vornehmen (Disziplin). Um die neue Gewohnheit dauerhaft zu verankern und Rückfälle zu vermeiden, brauchen wir Glauben. Damit wir eine Gewohnheit dauerhaft ändern können, müssen wir glauben, dass diese Veränderung möglich ist, schreibt Charles Duhigg, Autor von *Die Macht der Gewohnheit*. Durch Selbsterforschung lassen wir eine neue Perspektive zu und erkennen sie an. Durch Glauben machen wir uns diese neue Perspektive tatsächlich zu eigen und können die alten Verhaltensweisen gehen lassen.

Während die Gewohnheitsschleife sowohl gute Verhaltensweisen fördern als uns auch dabei helfen kann, schlechte zu brechen, zielt der Yoga der Handlung (Kriya-Yoga) auf Letzteres ab. Der gesamte Prozess lehrt uns anzusehen, was uns Leid verursacht. Dann ermutigt Patanjali uns, durch Selbsterforschung, Disziplin und Glauben mit den unangenehmen Gefühlen und dem Schmerz zu arbeiten, um heil zu werden und zu wachsen.

Reflexion

Zähle drei Dinge auf, die du übersiehst, ignorierst oder mit denen du dich nicht auseinandersetzt, obwohl sie dir regelmäßig Leid verursachen. Es kann um Situationen, körperliche oder emotionale Dinge gehen.
Welche Muster oder Parallelen fallen dir auf?

Hindernislauf

avidyasmita-raga-dveshabhiniveshah kleshah (2:3)
Falsche Wahrnehmung, Identität, Anhaftung,
Vermeidung und Angst verursachen Leid.

....

avidya kshetram uttaresham prasupta-
tanu-vichchinnodaranam (2:4)
Falsche Wahrnehmung ist die grundlegende Ursache
aller Hindernisse, die Leid verursachen.

Betrachte dies als das Grünes-Ei-mit-Speck-Problem. In diesem Klassiker von Dr. Seuss drängt Jetzt-kommt-Jack seinen Freund, einen Teller grünes Ei mit Speck zu essen. Der Freund weigert sich, weil er genau weiß, wer er ist und was er mag, obwohl er noch nie grünes Ei mit Speck gegessen hat. Er ist der Vorstellung verhaftet, was er mag, vermeidet unter allen Umständen, grünes Ei mit Speck zu essen, und fürchtet sich davor, seine Meinung zu ändern. Am Ende behält Jetzt-kommt-Jack die Oberhand: Sein Freund probiert das grüne Ei mit Speck und liebt es.

Die *kleshas* sind genau diese selbst auferlegten Beschränkungen, denen wir uns unterwerfen. Klassischerweise als Beschwerden oder Hindernisse definiert, sind sie die Blockaden, die uns in die Quere kommen und unser Verhalten steuern. Sie werden zu Tendenzen und Gewohnheiten, die so eingefleischt sein können, dass wir uns ihrer gar nicht mehr bewusst sind. Diese Beschränkungen und Blockaden halten uns davon ab, das Leben in vollen Zügen zu erleben und unser wahres Selbst zu erkennen. Sie sind die Ursache aller unserer Schmerzen und Leiden.

Die fünf Blockaden sind falsche Wahrnehmung *(avidya)*, Identität *(asmita)*, Begehren *(raga)*, Vermeidung *(dvesha)* und Angst *(abhinivesha)*. Jede davon wird in den nächsten Sutras definiert und näher erläutert. Wir fangen mit der falschen Wahrnehmung an, da sie die grundlegende Ursache aller anderen Blockaden ist.

Wenn wir das Word »Unwissenheit« *(avidya)* hören, halten wir Bildung für das Gegenmittel. Hier bedeutet Unwissenheit jedoch mangelndes Wissen über uns selbst und nicht den Mangel an kognitiven, technischen oder sozialen Fähigkeiten. Es ist die falsche Wahrnehmung, das Missverständnis und die Einbildung in Bezug auf unser wahres Wesen und Potenzial. Es ist *avidya*, wenn wir glauben, dass wir unser Geist und unsere Gedanken sind, statt zu erkennen, dass wir den Geist nutzen, um das Leben zu erfahren. Es ist *avidya*, wenn wir Vermutungen über andere anstellen. Es ist *avidya*, wenn wir unsere Verbindung zur Welt und der Einheit in allem ignorieren.

Wenn diese falsche Wahrnehmung, dieses Missverständnis unsere Gedanken, Worte und Handlungen lenkt, legt es die Grundlage für die anderen Blockaden. Von dieser falschen Wahrnehmung aus bauen wir eine illusorische Welt auf, in der wir nicht im Einklang mit unseren tiefsten Wünschen und

Hoffnungen sind. Weil wir nicht im Einklang mit unserem wahren Wesen sind, tun wir nur Dinge, die zu der Vorstellung passen, die wir von uns haben. Wir beschränken unsere Erfahrungen. Wir beschränken uns selbst, weil wir glauben, dass wir unsere Gedanken sind. Und wir fürchten uns vor Neuem und der Veränderung selbst.

anityashuchi-duhkhanatmasu
nitya-shuchi-sukhatma-khyatir avidya (2:5)
Vergängliches und Unvergängliches, Leid und Lust,
Wahrheit und Unwahrheit, unser Ego und unser Potenzial
zu verwechseln sind Formen falscher Wahrnehmung.

Du hast wahrscheinlich schon das Gelassenheitsgebet gehört, das zum ersten Mal auf einer Predigt in den 1930er-Jahren gebetet wurde. Seit diesem ersten Mal ist es in so unterschiedlichen Werken aufgetaucht wie Kurt Vonneguts Roman *Schlachthof 5* und Macklemores Rap Song »Drug Dealer«. Es lautet: »Gott, gib mir die Gelassenheit, Dinge hinzunehmen, die ich nicht ändern kann; den Mut, Dinge zu ändern, die ich ändern kann; und die Weisheit, das eine vom anderen zu unterscheiden.« Bei diesem Sutra geht es ganz allein um die Weisheit, das eine vom anderen zu unterscheiden.

Patanjali beschreibt vier Wege, durch die wir vom Geist in die Irre geführt werden.

1. Wir verwechseln das Unvergängliche mit dem Vergänglichen

Wir glauben, dass alles immer so sein wird, wie es jetzt gerade ist. Wir werden immer dieses Haus, diesen Freund, diesen Job haben. Wir können nicht ohne unser Handy leben oder ohne um drei Uhr ein Stück Schokolade zu essen. Wir glauben, dass wir immer dieselben Werte, Vorlieben und Abneigungen haben werden.

Dies verursacht am meisten Probleme, wenn wir dadurch unsere eigene Sterblichkeit missverstehen. Wir haben ein grundlegend falsches Verständnis von der Zeit. Wir jagen ewig dem Jungbrunnen in Form von Zaubertränken, Lotionen und Pillen hinterher. Oder wir glauben, dass wir endlos lange Zeit hätten, um mit dem Stepptanzen anzufangen, mehr Zeit mit unseren Freunden zu verbringen (oder was immer es ist, das uns Freude macht).

Wenn wir uns daran erinnern, dass nichts von Dauer ist, können wir die guten Zeiten vollkommen genießen – etwa die entspannenden Ferien in Costa Rica –, sodass sie uns aufheitern und stützen. Und es steht fest, dass auch schwere Zeiten nicht ewig dauern werden, das Baby wird irgendwann durchschlafen.

2. Wir halten die Einbildung für die Wahrheit

Normalerweise wird dies als Verwechslung des Unreinen mit dem Reinen übersetzt, aber das hat einen heiligen und ethischen Beiklang. Es ist jedoch keine moralische Bewertung. Es geht vielmehr darum, das Imaginäre mit dem Realen zu verwechseln, die Erzählung mit den Tatsachen. Das ist so, wenn wir die Realität nicht so sehen können, wie sie ist, und der Illusion Glauben schenken. Wenn wir zu lange in einer Yogahaltung bleiben und den Schmerz dabei ignorieren – wir quetschen uns den Nacken oder stauchen uns den Rücken. Es ist dieser Irrweg, wenn wir uns noch nicht einmal nach einem neuen Job umsehen, weil wir nicht glauben, dass wir unsere miese Stelle hinwerfen können. Es ist die Freundin, die in einer missbräuchlichen Beziehung festsitzt und ihrem Partner glaubt, wenn er sagt: Du kannst mich nicht verlassen; keiner außer mir wird dich jemals lieben. Es ist dieser Irrweg des Geistes, wenn wir lieber bei der Geschichte bleiben, als uns mit der Wahrheit auseinanderzusetzen. Es ist Verleugnung.

3. Wir verwechseln Lust und Leid

Was? Wir wissen, wenn etwas wehtut, wie könnten wir da Lust und Leid verwechseln? Das ist überraschend leicht. Wenn wir uns für die sofortige Befriedigung unserer Lust durch einen Hamburger, eine Netflix-Orgie oder lockeren Sex entscheiden, ohne zu bedenken, wie wir uns danach fühlen werden (manchmal gut, manchmal nicht), riskieren wir, kurzfristige Lust mit langfristigem Leid zu verwechseln. Manchmal ist Lust die Ursache von Leid – ich wollte diese Beförderung wirklich, aber die neuen Anforderungen, die Geschäftsreisen und der neue Chef entpuppen sich als grauenhaft. Manchmal konzentrieren wir uns so sehr darauf, was wir wollen, dass wir nicht sehen können, dass unser Wunsch Leid verursacht. Zum Beispiel haben wir hart daran gearbeitet, in den Kopfstand zu kommen. Dann bekommen wir es endlich hin, und unser Geist ist zufrieden, doch wir sacken in den Schultern zusammen, laufen Gefahr, uns zu verletzen, und haben am Ende einen lädierten Körper und ein verletztes Ego. Lust kann eine mächtige Ablenkung sein, und wir müssen ernsthaft bedenken, ob eine Sache unser wahres Selbst langfristig nährt.

4. Wir sind uns nicht im Klaren über unser wahres Selbst

Wir definieren uns durch Dinge – Rollen, Besitztümer, Etiketten, Vorstellungen. Wie Tyler Durden in dem Film »Fight Club« sagt: »Du bist nicht dein Job. Du bist nicht das Geld auf deinem Konto. Nicht das Auto, das du fährst. Nicht der Inhalt deiner Brieftasche.«

Reflexion

Was in deinem Leben verändert sich, das du begrüßt und über das du dich freust? Was in deinem Leben verändert sich, das du nur schwer akzeptieren kannst?

drg-darshana-shaktyor ekatmatevasmita (2:6)
Das Ego beschränkt uns und verursacht Leid, wenn wir unsere Identität mit unserem wahren Wesen verwechseln.

Nicht lange nachdem Amys Sohn geboren wurde, haben sich Amy und der Vater des Kindes getrennt und schließlich scheiden lassen. Sie hatte Angt davor, es anderen Leuten zu erzählen, besonders den Lehrern und Schülern in ihrem Yogastudio. Sie hatte in ihrem Kopf ein Bild davon geschaffen, wer sie war oder für ihre Gemeinschaft sein musste – eine starke, erfolgreiche Ratgeberin. Amy strebte danach, ihre Vorstellung aufrechtzuerhalten, wie die perfekte Yogalehrerin und Studiobesitzerin aussah. Sie befürchtete, andere zu enttäuschen, und versagte sich dadurch selbst die Unterstützung ebendieser Gemeinschaft. Durch ihre falsche Wahrnehmung, dass sie auch als Lehrerin und und Mentorin versagen würde, wenn sie in ihrer Ehe versagte, entging ihr die Unterstützung, die sie brauchte. Als Amy die Wahrheit zu sagen begann, wurde sie von Freunden, Schülern und Lehrern umarmt und getröstet. Trotz ihrer Befürchtungen änderte ihre Scheidung nichts daran, dass sie eine wundervolle Lehrerin und Yogini war – und immer noch ist.

Amy war blockiert durch *asmita*. Manchmal mit »Ego« übersetzt, bedeutet es, dass wir uns mit den Teilen von uns identifizieren, die sich verändern – unserem Körper, unserer Berufsbezeichnung, unserem Familienstand –, statt mit unserem wahren Wesen. Der Yogi Michael Stone nennt es den »Ich-Macher«: »Ich bin eine Mutter. Ich bin eine Autorin.«

Männlich. Weiblich. Ehemann. Die Älteste. Schwul. Hetero. Yogi. Jogger. Hundeliebhaberin. Amerikaner. Autorin.

Pummelig. Sportlich. Blond. Klein. Feinschmecker. Leserin. Reisender. Stark. Schwach.

Wir alle haben Etiketten. Manche werden uns gegeben. Manche geben wir uns selbst. Sie können wichtige Aspekte dessen sein, wer wir sind, doch wenn wir glauben, dass diese Etiketten uns vollständig definieren, und wir zu sehr an ihnen haften, steuern wir auf Enttäuschung und Leid zu. Wir müssen uns daran erinnern, dass es das unveränderliche wahre Selbst gibt, das größer ist als unsere Erscheinung, unsere Leistungen und unsere Vorlieben.

Reflexion

Liste alle deine Rollen und Etiketten auf. Welche davon machen dir Freude? Welche erhältst du mit viel Arbeit aufrecht? Welche davon diktieren, wie du dein Leben führst?

sukhanushayi ragah (2:7)
Anhaftung sucht fortwährende Lust und
wird Leid verursachen.

Wir sind uns ziemlich sicher, dass die Welt nicht untergeht, wenn Amy ihr iPhone kaputt macht oder Kelly ihr Glas Rotwein am Abend weglässt. Aber wir denken nicht gern daran. Wir hängen an bestimmten Dingen und Routinen.

Die Sutras sagen nicht, dass wir die Dinge und Erlebnisse, die wir haben, nicht schätzen und genießen dürfen. Ins Stolpern kommen wir, wenn wir daran haften *(raga)*, wenn wir uns an die Dinge klammern, uns nach bestimmten Erlebnissen sehnen, Angst haben, dass die Lust endet, und das Glück außerhalb von uns selbst suchen. Nicht die Lust ist das Problem; das Problem ist, wenn man ihr nachjagt. Wenn wir irgendeiner Sache nachjagen, sind wir nicht ganz im gegenwärtigen Augenblick.

Reflexion

Sieh dir die Liste mit deinen Etiketten und Rollen an, die du erstellt hast (2:6). Welche davon würdest du ungern verlieren? Warum?

duhkanushayi dveshah (2:8)
Abneigung ist, wenn wir Situationen aufgrund früherer leidvoller Erfahrungen meiden. Das hält das Leid aufrecht und beschränkt unser Potenzial.

Wir wollen unser iPhone oder ein Glas Rotwein. Aber was wollen wir nicht? Ich will nicht zur Eile angetrieben werden. Ich will nicht in der Krieger-3-Stellung herumbalancieren. Ich will dies nicht essen, dort nicht hingehen, das nicht machen. Abneigung *(dvesha)* ist die Kehrseite der Anhaftung. Abneigung erwächst aus dem Glauben, dass sich die leidvolle Erfahrung, die wir in der Vergangenheit mit etwas gemacht haben, wiederholen wird.

Es gibt Dinge, die wir mögen, und andere, die wie am liebsten meiden würden. Das ist okay. Patanjali sagt nicht, dass du gedünsteten Brokkoli herunterwürgen sollst, wenn du ihn wirklich nicht magst. Er weist uns vielmehr darauf hin, dass Abneigungen problematisch sind, wenn wir ihretwegen unsere Erfahrungen und damit uns selbst beschneiden. Indem wir beispielsweise sagen: Wenn mir die Ruhehaltung *(shavasana)* nicht zusagt, gehe ich einfach früher. Oder: Meine letzte Präsentation lief schrecklich, das mache ich nie wieder. Wir bleiben in solchen Gedankengängen stecken und haben so große Angst davor, uns diesen unangenehmen Gefühlen auszusetzen, dass wir unser Verhalten ändern – wir machen eine bestimmte Yogahaltung nicht oder ergreifen nicht das Wort.

Reflexion

Welche Menschen, Erlebnisse oder Situationen meidest du regelmäßig? Warum? Wenn du dir die Liste mit deinen Rollen und Etiketten (2:6) ansiehst, gibt es darauf welche, die dir dabei helfen, mit diesen Menschen, Erlebnissen oder Situationen besser zurechtzukommen? Und gibt es welche, die du bei bestimmten Menschen oder in manchen Situationen nicht zeigst?

svarasa-vahi vidusho 'pi tatharudho 'bhiniveshah (2:9)
Angst vor Tod, Verlust oder Veränderung
verursacht bei jedem Leid.

In einfachen Worten ist *abhinivesha* die Angst vor dem Tod. Aber es ist nicht nur die Angst davor, den physischen Körper zu verlieren. Es ist die Angst vor dem Verlust unserer Identität, unserer Lebensweise, unseres Lebensstils. In noch umfassenderer Hinsicht ist es die Angst vor dem Unbekannten und die Angst vor der Veränderung. Angst ist natürlich. Angst wird erst zu einem Problem, wenn wir uns an eine Lebensweise oder Identität klammern, wenn wir uns so vor Veränderungen fürchten, dass wir erstarren, feststecken, aufgeschmissen sind.

Zu bemerken, wenn unsere Angst uns in unserer Gewohnheitsschleife festhält, ist der erste Schritt, um auf gesunde Art und Weise damit umzugehen. Während wir üben, flexibler auf die Ereignisse jedes Tages zu reagieren, entwickeln wir eine gesündere Beziehung zu Veränderungen und lassen die Angst schließlich los.

Reflexion

Wovor hast du Angst? Wie versuchst du, diese Angst zu kontrollieren? Inwiefern verursacht dein Kontrollversuch dir Leid? Amy hatte zum Beispiel immer Angst davor, dass ihr nicht mehr genug Zeit bliebe, ein sinnvolles Leben zu leben. Um diese Angst zu kontrollieren, stopfte sie ihren Terminkalender unbewusst randvoll, damit sie das Gefühl hatte, viel geleistet zu haben. Stattdessen fühlte sie sich jedoch überfordert, erschöpft und völlig von allem abgeschnitten. Sobald sie diese Gewohnheit erkannt hatte, sorgte sie dafür, sich den Freiraum zu schaffen, den sie brauchte und sich wünschte.

Den Kreislauf durchbrechen

te pratiprasava-heyah sukshmah (2:10)
Durch das Beseitigen dieser Beschwerden
verschwindet künftiges Leid *(karma)* beim Tod.

Alle von uns haben Gewohnheiten, und die meisten etikettieren sie als gut oder schlecht. Wenn wir etwas als eine schlechte Gewohnheit bezeichnen, halten wir sie wahrscheinlich für ungesund, oder sie stört jemand anderen, der uns gesagt hat, dass es eine schlechte Angewohnheit sei. Viele Gewohnheiten – selbst die, die wir als schlecht betrachten – haben uns auf irgendeine Art und Weise genutzt. Ein Beispiel: Wir verschlafen oft und kommen dann zu spät zur Arbeit, aber es hat uns trotzdem genutzt, weil wir den Schlaf brauchen. Die Gewohnheit hat sich aus einem guten Grund entwickelt.

Viele unserer Gewohnheiten entstehen aus unserer Reaktion auf die *kleshas*, unsere emotionalen und geistigen Blockaden. Um diese emotionalen Trigger zu reduzieren und Neigungen zu verändern, müssen wir sie erst erkennen. Wir müssen verstehen, woher sie kommen, und bestimmen, wie sie in uns funktionieren. Dies gelingt uns durch Meditation.

Reflexion

Was ist deine »schlimmste« Angewohnheit? Inwiefern beschränkt sie dich und engt sie dich ein? Wann fing sie an? Was sind die Folgen? Was hast du davon? Ist sie manchmal auch positiv?

dhyana-heyas tad-vrttayah (2:11)
Meditation ist das Werkzeug, um diese
Hindernisse zu beseitigen.

Durch Meditation werden wir uns bewusst, wie wir uns selbst sehen und was unsere Wünsche und Ängste befeuert. Durch Meditation beseitigen wir unsere Blockaden. So können wir unsere Gewohnheiten ändern.

Reflexion

Der erste Schritt beim Entwickeln einer Meditationspraxis ist eine Sitzübung. Verbringe mindestens zehn Minuten damit, einfach ruhig dazusitzen. Schreib über die Erfahrung ein paar Sätze in dein Tagebuch.
So sitzt du richtig: Finde zuerst eine Position, in der du bequem sitzen kannst, ohne dass dir etwas wehtut oder du den Drang verspürst herumzuzappeln. Manche Leute finden es be-

quemer, auf einem Stuhl zu sitzen oder sich an die Wand zu lehnen. Du darfst auch Kissen und Decken unter Knie, Hüfte oder Rücken legen, damit deine Wirbelsäule schön gerade bleibt. Wähle eine komfortable, abgestützte Sitzhaltung, damit du mühelos, solange du willst, so dasitzen kannst. Diese ersten Schritte konzentrieren sich wirklich darauf, eine unterstützte, entspannte Haltung herzustellen und zu fördern. Ohne eine solche wird es wahrscheinlich schwierig, nach innen zu gehen.
Nachdem du eine bequeme Sitzhaltung gefunden hast, schließ die Augen und finde deine Mitte. Verlagere dein Gewicht, bis deine Schultern über deinen Hüftknochen sind und dein Scheitel direkt über der Mitte deines Beckens steht. Lass deinen Atem natürlich und frei fließen.
Wandere mit deiner Aufmerksamkeit ganz langsam von den Füßen bis zur Schädeldecke, um alle Anspannungen zu lösen. Während du dich entspannst, lass deine Aufmerksamkeit auf der einfachen Wahrnehmung deines Atems ruhen. Nimm wahr, wie er in deinen Körper einströmt und wie er wieder austritt. Lass andere Körperempfindungen und Gedanken auf dieselbe Art kommen und gehen. Entspanne dich im Augenblick, indem du dein Erleben beobachtest.

---

klesha-mulah karmashayo drshtadrshta-janma-vedaniyah (2:12)

Diese Beschwerden oder Hindernisse
bleiben aus Gewohnheit bestehen.

....

sati mule tad-vipako jatyayur-bhogah (2:13)
Bis wir die Hindernisse beseitigen,
diktiert die Gewohnheit unsere Lebenserfahrungen.

....

te hlada-paritapa-phalah punyapunya-hetutvat (2:14)
Unsere Handlungen bestimmen,
wie wir Linderung oder Leid erfahren.

....

parinama-tapa-samskara-duhkhair guna-vrttiv-irodhach cha duhkham eva sarvam vivekinah (2:15)
Jemand mit Unterscheidungskraft weiß, dass wir leiden,
weil wir alle Veränderung, Verlangen, Gewohnheit und
wechselnden Energien unterworfen sind.
Durch Urteilkraft versteht man das Leiden
und wie man es zur Veränderung nutzen kann.

....

heyam duhkham anagatam (2:16)
Durch Unterscheidungskraft
können wir karmisches Leid vermeiden.

Newtons drittes Bewegungsgesetz besagt, dass es zu jeder Kraft (Aktion) eine entgegengerichtete Kraft (Reaktion) gibt. Im Yoga dehnt die Vorstellung des *karma* dieses Gesetz über die physische Ebene hinaus aus, bis hin zu unseren Gedanken, Worten und Handlungen. Vereinfacht ausgedrückt ist *karma* das Gesetz von Ursache und Wirkung. Unsere Taten haben Folgen, und diese Folgen vermindern entweder Leid, oder sie bewirken es. Das Gesetz des *karma* besagt, dass unsere früheren Gedanken, Worte und Taten dazu beigetragen haben, unser derzeitiges Leben zu schaffen, und dass unsere derzeitigen Gedanken, Worte und Taten unsere Zukunft erschaffen werden. Wir sind verantwortlich für die Qualität unseres Lebens – ob es glücklich oder unglücklich ist.

Unser Unglück oder Leiden entsteht aus Veränderung, Verlangen, Gewohnheit und den wechselnden Energien im Körper, die uns aus dem Gleichgewicht bringen können (wie Hunger oder Erschöpfung). Wir können es nicht völlig vermeiden zu leiden, bevor wir alles *karma* losgeworden sind. Durch Unterscheidungs- und gute Urteilskraft beginnen wir, das durch *karma* verursachte Leid zu reduzieren. Ein Beispiel: Wenn du mit deinem Freund streitest und wütend »Leck mich!« brüllst, während du zur Tür hinausstürmst, erzeugst du *karma*, das bestehen bleibt, bis das zugrunde liegende Problem behoben wurde. Das Problem frontal anzugehen ist zwar eine Herausforderung und möglicherweise momentan schmerzhaft. Man vermeidet dadurch aber das länger anhaltende, künftige Leid aus dieser karmischen Handlung.

Reflexion

Beschreib eine Situation, in der du auf eine Art und Weise reagiert hast, die du später bereut hast. Was an deiner Reaktion hast du bereut? Wie hat es dich oder jemand anderen verletzt? Wie hast du es wiedergutgemacht oder könntest du es wiedergutmachen?

Eine Frage der Perspektive

drashtr-drshyayoh samyogo heya-hetuh (2:17)
Um Leid zu beseitigen,
müssen wir lernen, die Welt objektiv zu sehen.

....

prakasha-kriya-sthiti-shilam bhutendriyatmakam
bhogapavargartham drshyam (2:18)
Durch Objektivität ist es möglich,
unseren Lebenssinn zu erfüllen
und Linderung zu finden.

....

visheshavishesa-linga-matralingani guna-parvani (2:19)
Obwohl alles in stetem Wandel ist,
existiert dieselbe göttliche Energie in allem.

....

drashta drshi-matrah shuddho 'pi pratayayanupashyah (2:20)
Unser Verständnis basiert darauf,
wie wir unsere Erfahrungen wahrnehmen.

....

tad-artha eva drshyasyatma (2:21)
Erfahrungen existieren,
um unser Verständnis und Wissen zu vertiefen.

....

krtartham prati nashtam apy anashtam
tad-anya-sadharanatvat (2:22)
Die Welt existiert, damit wir unseren
Lebenssinn erfüllen können.

....

sva-svami-shaktyoh svarupopalabdhi-hetuh samyogah (2:23)
Eine höhere Bewusstheit des Selbst zu entwickeln
ist der Schlüssel, um unser wahres Wesen zu erfahren.

....

tasya hetur avidya (2:24)
Aufgrund der falschen Wahrnehmung,
dass wir nur unsere Erfahrungen sind,
sind wir unfähig, dies zu tun.

....

tad-abhavat samyogabhavo hanam tad-drsheh kaivalyam (2:25)
Ohne diese falsche Wahrnehmung erkennen wir,
dass unser Leben aus unserer täglichen Erfahrung
und einem höheren Sinn besteht.

Yoga ist eine Erkundung der Perspektiven. Auf der körperlichen Ebene drehen und winden wir unseren Körper auf eine Art, die uns buchstäblich hilft, die Dinge aus einem neuen Blickwinkel zu sehen – zum Beispiel mit den Füßen über unserem Kopf statt auf dem Boden.

Auf einer tieferen Ebene erweitern wir die Vorstellung davon, wer wir sind. Wir entwickeln den Teil von uns, der einen Schritt zurücktreten, die aktuelle Situation beobachten und das größere Bild sehen kann. Das gelingt uns, indem wir den

Unterschied zwischen unserer subjektiven und objektiven Realität begreifen. Unsere subjektive Realität informiert uns darüber, was wir mögen, über unsere Wünsche und Vorlieben. Unsere Freundin hat gerade ihr Schlafzimmer gelb gestrichen, und wir finden es hässlich. Doch unsere objektive Realität basiert auf Fakten und Wahrheit – das Zimmer ist einfach gelb.

Wenn wir zwischen unserer objektiven und subjektiven Realität unterscheiden können, brechen wir allmählich aus den uns beschränkenden Gedanken und Verhaltensweisen aus. Wir sind weniger rückwärtsgewandt mit unseren Emotionen. Stattdessen setzen wir unsere Gedanken und Gefühle dafür ein, um potenzielle Probleme aktiv anzusprechen und Beziehungen aufzubauen, einschließlich der Beziehung zu uns selbst. Während wir die Fähigkeit gewinnen, die Realität objektiv zu sehen, begreifen wir langsam, dass alle unsere Erfahrungen nötig waren, um uns zu dem Menschen zu machen, der wir heute sind.

Reflexion

Bei welchen deiner Erfahrungen, die du erst für negativ gehalten hast, hast du im Nachhinein festgestellt, dass sie dich besser und stärker gemacht haben? Mit welchen Erfahrungen schlägst du dich jetzt gerade herum? Was lernst du durch sie über dich selbst?

Augen auf

viveka-khyatir aviplava hanopayah (2:26)
Durch Konzentration und Unterscheidungskraft
verstehen wir, dass wir sowohl göttliche Bewusstheit
als auch individuelle Erfahrungen sind.

....

tasya saptadha pranta-bhumih prajna (2:27)
Durch Unterscheidung und Untersuchung
wird aus Weisheit Erleuchtung.

....

yoganganushthanad ashuddhi-kshaye
jnana-diptir-aviveka-khyateh (2:28)
Die acht Glieder des Yoga zu üben
beseitigt die Hindernisse, und die daraus
resultierende Weisheit führt zur Erleuchtung.

....

yama-niyamasana-pranayama-pratyahara-dharanad-
hyana-samadhayo shtav angani (2:29)
Die acht Glieder bestehen aus einem Moralkodex,
Regeln sowie körperlichen, emotionalen, energetischen
und geistigen Übungen, um den Geist zu läutern
und zu beruhigen.

Das Mittel, um sich mit seinem wahren Selbst zu verbinden und sich nicht in den Launen, Wünschen und Befürchtungen des alltäglichen Selbst zu verheddern, ist die Unterscheidungskraft *(viveka)*.

Vereinfacht ausgedrückt bedeutet Unterscheidungskraft, gute Urteilskraft walten zu lassen. Es bedeutet, uns selbst und die Welt um uns herum genau zu beobachten, sodass wir klare, gute, gesunde Entscheidungen treffen können. Unterscheidungskraft hilft uns, die Handlungen zu identifizieren und zu wählen, die unserem wahren inneren Selbst nutzen, statt sofortigen Vergnügen nachzugeben.

Wie haben wir den Kontakt zu unserem wahren Selbst überhaupt verloren? Hier kommt das Ego ins Spiel. Wir erschaffen das Ego, damit andere unseren Platz in der Welt verstehen. Es ist der Teil von uns, der die Frage beantwortet: Wer bin ich? Wie schon erwähnt ist das Ego der »Ich-Macher« – die Art, in der wir uns anderen präsentieren. Ich bin Amy. Ich bin Rechtsanwältin. Ich bin Baseball-Fan. Wir brauchen diesen Ich-Macher, das Ego, damit es uns hilft, unser Leben zu organisieren und zu lenken. Aber während wir definieren, wer wir für andere Menschen sind, können wir aus den Augen verlieren, wer wir für uns selbst sind.

Yoga ist gleichzeitig der Weg und das Ziel. Durch Unterscheidungskraft verstehen wir den Unterschied zwischen unserer objektiven und subjektiven Realität, und der Geist wird klar – das ist das Ziel des Yoga. Wir können nicht einfach einen Schalter umlegen und unsere Unterscheidungskraft anschalten. Wir arbeiten an ihr, indem wir Ashtanga-Yoga üben – den Weg. Ashtanga bedeutet acht *(ashta)* Glieder oder Sprossen *(anga)*. Es beschreibt eine systematische Übungspraxis, mit der wir unsere Beziehungen zur Welt, zu anderen, unserem Körper, unserem Geist und unserer Seele verbessern können. Wenn wir die Sprossen der Leiter emporklettern, machen wir einen Schritt nach dem anderen. Glieder wachsen aus demselben Rumpf, zur selben Zeit, aber nicht immer gleich schnell. Mit diesen Interpretationen von *anga* verstehen wir, dass die acht Übungsdisziplinen sowohl hintereinander als auch gleichzeitig praktiziert werden können. Jede Sprosse bringt uns zur nächsten, doch gleichzeitig üben wir jedes Glied so gut, wie wir es im gegenwärtigen Augenblick können.

Während wir an den acht Gliedern des Yoga arbeiten, erleben wir immer tiefere Stadien des Erwachens und Verstehens. Irgendwann werden wir durch diese Übungen unser wahres Selbst *(purusha)* und unseren Lebenssinn (*dharma*) so deutlich erkennen, dass wir frei von den Dingen sind, die uns zurückhalten. Wir können voller Leichtigkeit leben und alles tun, was wir wollen.

Reflexion

Unter welchen Umständen bewertest du dich am kritischsten? Was sagt dein innerer Kritiker zu dir?

Die äußeren Glieder – Auf die Plätze, fertig, los

ahimsa-satyasteya-brahmacharyaparigraha yamah (2:30)
Der Moralkodex des Yoga verlangt Gewaltlosigkeit,
Ehrlichkeit, Mäßigkeit, kein Stehlen, keine Habgier.

....

jati-desha-kala-samayanavachchinnah
sarva-bhauma maha-vratam (2:31)
Der Moralkodex, bekannt als großer Schwur,
kann von jedem angenommen und auf alle Menschen
und Situationen angewandt werden, unabhängig
von Stand, Umständen oder Fähigkeiten.

....

shaucha-santosha-tapah-svadhyayesvara-pranidhanani
niyamah (2:32)
Der yogische Ansatz erfordert Reinheit, Zufriedenheit,
Disziplin, Selbsterforschung und Gewissenhaftigkeit.

Die alten Yogis wussten, dass es keine einfache Aufgabe ist, unser Verständnis von uns selbst und der Welt zu verändern.

Wir brauchen ein starkes System und Richtlinien zur Unterstützung. Der achtgliedrige Ansatz ist genau dieses System. Die acht Stadien führen uns bewusst von außen nach innen. Sie konzentrieren sich auf unsere Verbindung mit der Welt und unsere Beziehung mit anderen, bevor sie sich unserem Körper, unserem Geist und unserer Seele zuwenden.

Patanjali beginnt mit einem universellen Verhaltenskodex *(yamas)*, der den Umgang aller Menschen untereinander regelt. Die fünf *yamas* fordern uns auf, Gewalt, Lügen, Stehlen, Verschwendung und Gier zu vermeiden.

Dann raten die Sutras uns, wie wir uns selbst behandeln sollten *(niyamas)*. Wir sollen unsere Umgebung, unseren Körper und unseren Geist rein und aufgeräumt halten. Wir sollen Zufriedenheit, Dankbarkeit und den Yoga der Handlung üben – Disziplin, Selbsterforschung und Glauben. Wenn wir das tun, sind wir irgendwann bereit, nach innen zu gehen.

Man betrachtet die *yamas* und *niyamas* zusammen oft als die zehn Gebote des Yoga. Sie sind die ethischen Grundprinzipien, die Schlüsselwerte des Yoga. Sie können von jedem und auf alle Situationen angewandt werden, unabhängig von Alter, Status, Ort oder Zeit. Yoga ist universell und für alle da.

Reflexion

Wie lautet dein Moralkodex? Zähle zehn Prinzipien auf, nach denen du zu leben versuchst.

vitarka-badhane pratipaksha-bhavanam (2:33)
Negative Gedanken lassen nach, wenn man die Aufmerksamkeit positiven Gedanken zuwendet.

....

vitarka himsadayah krta-karitanumodita lobha-krodha-moha-purvaka mrdu-madhyadhimatra duhkhajnananantaphala iti pratipaksha-bhavanam (2:34)
Gier, Wut und Verwirrung in Gedanken, Worten oder Taten schaffen Gewalt. Den Kreislauf des Leids zu durchbrechen erfordert Unterscheidungskraft und Konzentration auf die entgegengesetzten Eigenschaften.

Tatsächlich ist es ziemlich schwierig, den ethischen Verhaltenskodex zu befolgen, den Patanjali entwirft. Aber wir können wählen, worauf wir unsere Aufmerksamkeit richten. Ein Beispiel: Du rackerst dich bei der Arbeit mit einem Bericht ab, und eine Kollegin kommt mit einer Frage zu dir. Du kannst deine Aufmerksamkeit auf deine Kollegin lenken und ihre Frage beantworten. Wenn du damit fertig bist, kannst du dich dafür entscheiden, dich wieder deinem Bericht zuzuwenden oder eine kurze Snackpause einzulegen, deine E-Mails zu checken oder durch die Nachrichten zu scrollen. Du hast die Kontrolle darüber, wo deine Aufmerksamkeit und dein Geist hingehen.

Dies können wir uns auch bei unseren Gedanken zunutze machen. Wenn wir in Negativität oder Wut feststecken, können wir unsere Aufmerksamkeit auf das Gegenteil richten, auf etwas Positiveres. Wir versuchen nicht, negative Gedanken zu stoppen; so funktioniert der Geist einfach nicht. Wir versuchen, sie durch etwas anderes zu ersetzen. Sobald wir dir sagen, dass du nicht an einen weißen Bären denken sollst, ist es fast unmöglich für dich, dir keinen weißen Bären vorzustellen. Du musst ihn durch etwas anderes ersetzen. Wenn du dir jedes Mal einen grünen Hund vorstellst, wenn der weiße Bär in deinem Kopf auftaucht, wirst du den unerwünschten Bären irgendwann vermeiden können. Ebenso können wir unsere negativen Gedanken nicht auslöschen, aber durch positive Gedanken ersetzen.

Patanjali fordert uns dazu auf, das Gegenteil zu kultivieren: Wut durch Liebe zu ersetzen, Gewalt durch Frieden, Trauer durch Dankbarkeit, Niedergeschlagenheit durch Freude, Angst durch Vertrauen. Um dies zu tun, müssen wir unsere Aufmerksamkeit zuerst darauf richten, wie wir uns fühlen, und dann beschließen, dieses Gefühl durch ein positiveres zu ersetzen. In der Hitze des Gefechts fällt es uns weit schwerer, dem Typ, der mitten im Gespräch aufgelegt hat, Welpen und Regenbögen zu schicken statt den Stinkefinger, daher müssen wir es stets weiter üben – genau wie den weißen Bären zu ignorieren.

Reflexion

Ruf dir eine Person ins Gedächtnis, die dich regelmäßig frustriert, enttäuscht oder wütend macht. Was hat sie in dein Leben gebracht, für das du dankbar bist? Wie hat sie dir Glück beschert? Auf welche Art kannst du ihr dankbar sein, mit ihr mitfühlen oder deinen Frieden mit ihr machen?

Das erste Glied – Kernkodex

ahimsa-pratishthayam tat-sannidhau vaira-tyagah (2:35)
Im Beisein eines Menschen, der Gewaltlosigkeit beherrscht, hört jede Gewalt auf zu existieren.

Denk an das letzte Mal, als du so richtig, richtig wütend geworden bist, so richtig *S%*#-wütend. Wahrscheinlich ist dein Puls nach oben gegangen. Vielleicht hast du ein Engegefühl in der Brust gespürt. Ein Teil deines Gehirns, den man Amygdala nennt, hat sich eingeschaltet und angefangen, chemische Botenstoffe freizusetzen, die deinen Blutdruck steigen ließen, deine Wangen gerötet haben und deine Hände zum Zittern brachten.

Normalerweise betrachten wir so etwas nicht als Gewalt. Wenn uns Gewalt in den Sinn kommt, denken wir gewöhnlich an leicht zu erkennende Formen körperlicher Verletzungen, die einem von anderen zugefügt werden – Krieg, Kampf. Wir übersehen die subtileren Formen der Gewalt, mit denen wir andere und uns selbst verletzen – die abwertende Stichelei, das abfällige Augenrollen, die selbstkritischen Gedanken.

Wenn wir ein friedliches Leben führen wollen, fordert uns der erste Kernwert in unserem Ethikkodex zur Gewaltlosigkeit *(ahimsa)* in allen Aspekten des Lebens auf – in unseren Taten, Worten und sogar unseren Gedanken. Sobald unsere Gedanken Keime von Eifersucht, Enttäuschung, Feindseligkeit, Schuld, Wut oder Scham enthalten, sprießt verletzendes Verhalten. Es wächst und breitet sich aus wie ein Unkraut, es erstickt alles andere.

Ahimsa zu üben beginnt bei uns selbst. Wenn wir zu viel essen, nicht genug schlafen, in einer ungesunden Beziehung bleiben, uns noch zu einer weiteren Bretthaltung *(chaturanga dandanasana)* zwingen, unseren Terminkalender vollstopfen, uns beim Blick in den Spiegel fett finden, sind wir wütend und aggressiv zu uns selbst. Wir schaffen eine schädliche Umgebung für uns. Wenn wir unsere eigene Negativität in den Griff bekommen, werden unsere Gedanken und Taten folgen.

Im Internet kursiert ein Zitat, das Buddha zugeschrieben wird, aber wahrscheinlich gar nicht von ihm stammt. Dennoch erklärt es perfekt, wie wichtig *ahimsa* ist: »Deine Gedanken werden zu Worten; deine Worte werden zu Taten; deine Taten werden zu Gewohnheiten; und deine Gewohnheiten werden zu deinem Charakter.« Also achte sorgfältig auf deine Gedanken, und lass sie der Liebe und Anteilnahme für alle Lebewesen entspringen. Wir werden, was wir denken.

Reflexion

Welche kritischen, abwertenden Dinge sagst du dir regelmäßig selbst? Welche ermutigenden, liebevollen Dinge sagst du dir regelmäßig selbst?

satya-pratishthayam kriya-phalashrayatvam (2:36)
Wenn wir wahrheitsgemäß sprechen und leben,
manifestiert sich, was wir sagen und tun.

Bernie Madoff. Richard Nixon. Walter White. Meistens denken wir an die großen Sachen, wenn es ums Lügen geht.

Wahrhaftigkeit *(satya)* beinhaltet sicherlich Ehrlichkeit, aber dies schließt auch die Integrität gegenüber uns selbst, unserem Leben und unserer wahren Seele ein. Wenn wir wahrhaftig sind – wenn unsere Gedanken, Worte und Taten übereinstimmen –, wird uns Gutes widerfahren.

Und was ist, wenn Ehrlichkeit Schaden anrichtet? Muss deine Mom wirklich wissen, dass dir der gestreifte Pulli, den sie dir geschenkt hat, überhaupt nicht gefällt? Das hängt von vielen Dingen ab. Hat sie danach gefragt? Braucht sie deine Meinung, will sie sie hören? Unser Ethikkodex existiert nicht in einer Blase. Wir müssen immer unsere Motive bedenken, wenn wir die Wahrheit sagen. Wir müssen berücksichtigen, ob der andere überhaupt an Ehrlichkeit interessiert ist, und Wahrhaftigkeit immer im Kontext der Situation und zusammen mit den anderen Grundsätzen *(yamas)* betrachten. Es hat einen Grund, warum der erste Kernwert Gewaltlosigkeit ist. Wenn die Wahrheit schadet, wahrt sie nicht *ahimsa*.

Beim Üben von *satya* geht es nicht darum, blindlings die Wahrheit zu sagen, ganz gleich, was es für Folgen hat. In *Die vier Versprechen* schreibt Don Miguel Ruiz, dass wir mit unseren Worten untadelig sein sollten. Denn das Wort ist ein sehr machtvolles Instrument, es ist sogar Magie. Wir können mit unseren Worten Liebe oder Schaden verursachen. Was wir fühlen, was wir träumen und was wir in der Tiefe sind, zeigt sich im Wort.

Ehrlich zu uns selbst zu sein ist schwieriger, aber nur so schaffen wir uns das Leben, das wir wollen. Patanjali sagt uns, dass wir manifestieren, was wir sagen und denken. Wir können nicht bekommen, was wir wollen, wenn wir nicht wissen, was es ist, wenn wir uns unsere Hoffnungen und Wünsche nicht zutiefst ehrlich eingestehen oder wenn unsere Handlungen unseren Gedanken und Worten widersprechen. Selbst kleine Widersprüche – etwa wenn wir wissen, dass wir einen freien Tag brauchen, aber trotzdem Überstunden akzeptieren – halten uns davon ab zu manifestieren, was wir wirklich wollen.

Reflexion

In welchen Situationen bemerkst du, dass deine Handlungen nicht mit deinen Gedanken oder Gefühlen übereinstimmen? Wen oder was beschützt du damit?

asteya-pratishthayam sarva-ratnopasthanam (2:37)
Nicht zu stehlen schafft Fülle und Wohlstand.

Es ist schwer, Tom Ripley nicht zu mögen, besonders, wenn er vom sixpackbestückten Matt Damon gespielt wird. Er ist charmant, höflich, fleißig, beflissen. Doch außerdem ist er ein Betrüger, Hochstapler und kaltblütiger Mörder. In *Der talentierte Mr. Ripley* ist Tom ein verwaister Klavierstimmer und Toilettenmann, der von einem wohlhabenden Geschäftsmann für den Princeton-Kumpel seines Sohnes gehalten wird, der sich gerade in Italien herumtreibt. Der Vater heuert Tom, der die Verwechslung nicht aufklärt, an, um nach Europa zu reisen und seinen Sohn nach Hause zu bringen. Dieses Abenteuer führt dazu, dass Tom Geld und die Identität des Sohnes stiehlt und ihm schließlich das Leben nimmt. Ein Grund, weshalb man Tom liebenswert findet und sich gut in ihn hineinversetzen kann, ist, dass er »unterpriviligiert, aber nicht unmenschlich« ist, wie es ein Filmkritiker ausdrückte.

Studien haben gezeigt, dass Menschen stehlen, weil sie sich benachteiligt fühlen. Wenn wir uns so fühlen, versuchen wir, die Dinge geradezurücken, und das erleichtert es, einen vernünftigen Grund für unser Verhalten zu finden. Es ist leichter zu sagen: Ich brauche das. Ich habe das verdient. Doch laut Patanjali ist das Gegenteil wahr: Wenn wir nicht nehmen, was uns nicht gehört *(asteya)*, werden wir gedeihen.

Normalerweise wird *asteya* mit »nicht stehlen« übersetzt. Das Sutra besagt, das wir zu Wohlstand kommen, wenn wir nicht stehlen. Oberflächlich betrachtet bedeutet dies, kein Geld und keine Sachen von jemand anderem zu nehmen. Damit ist alles abgedeckt, vom Banküberfall über einen gemopsten Joghurt aus dem Bürokühlschrank bis hin zu einer überzogenen Rechnung für eine geleistete Arbeit.

Auf einer tieferen Ebene geht es weit über materielle Dinge hinaus. Es erstreckt sich darauf, Ideen, Liebe, Aufmerksamkeit und Zeit zu beanspruchen, die nicht freiwillig gegeben werden. Wir stehlen von uns selbst, wenn wir unsere Bedürfnisse nicht ausdrücken, und versagen uns selbst Hilfe. Wir rauben anderen ihre Zeit, wenn wir zu spät zu Verabredungen kommen. Wir lassen zu, dass unser Geist uns aus dem gegenwärtigen Augenblick wegstiehlt, uns etwas vom vollen Erleben wegnimmt.

Wir fühlen uns benachteiligt. Wir glauben, wir seien nicht gut genug. Wir glauben, dass uns etwas fehle, also nehmen wir es von anderen. Wenn wir uns benachteiligt fühlen, fließt nichts. Überfluss, wenn wir so viel von etwas besitzen, dass wir keinen Wunsch oder kein Bedürfnis danach haben, ist das Gegenteil von Mangel. Wenn wir unseren Blick darauf richten, wie reich unser Leben ist, statt darauf, woran es ihm mangelt, wenn wir glauben, dass wir genug sind und genug haben, brauchen wir nicht zu stehlen. Wir erkennen die Fülle unseres Lebens. Wir blühen auf. Und der Wohlstand kommt.

Reflexion

Wovon glaubst du zu wenig zu haben? Was besitzt du im Überfluss?

brahmacharya-pratishthayam virya-labhah (2:38)
Stärke und Vitalität kommen zu dem,
der seine Energie für das höchste Wohl einsetzt.

Dieses Sutra hat einen schmutzigen Ruf, und das hat nichts mit Putzmitteln zu tun. Also stellen wir es gleich klar: Bei diesem Sutra geht es nicht ausschließlich um Sex.

In seiner richtigen Übersetzung besagt dieses Sutra, dass wir Kraft, Stärke und Energie kultivieren, wenn wir abstinent *(brahmacharya)* sind. Die Vorstellung dahinter war, dass wir keine Zeit und Energie verschwenden würden, wenn wir abstinent wären; wir würden ganz auf den gegenwärtigen Augenblick konzentriert bleiben. Heute vertreten wir eine weiter gefasste Interpretation, die zur Mäßigung in Gedanken, Worten und Taten rät.

Für uns bedeutet *brahmacharya*, unsere Energie weise einzusetzen, um ein ausgewogenes Leben zu führen. So schärft man die Säge. In *Die 7 Wege zur Effektivität* schreibt Stephen Covey über einen Holzfäller, der mehrere Tage lang dieselbe Säge benutzt, sodass sie stumpf und schwergängig wird. Die Lösung wäre natürlich, mit dem Sägen aufzuhören, die Säge zu schleifen und sich um sie zu kümmern.

Wenn wir uns nicht um uns kümmern, werden wir stumpf wie diese Säge. Wir machen es uns schwerer, die gerade bevorstehende Aufgabe anzugehen. Wir brauchen Arbeit und Vergnügen, Mühe und Leichtigkeit, Einatmen und Ausatmen, Ja-Sagen und Nein-Sagen. Wenn in unserem körperlichen, emotionalen, sozialen und geistigen Leben Ausgewogenheit herrscht, vermeiden wir ein Burn-out und bleiben nachhaltig bei Kräften.

Aber es geht um mehr als nur darum, ein Burn-out zu vermeiden. Die wörtlichste Übersetzung dieses Sutra besagt, dass wir mit dem Göttlichen im Sinn handeln sollen. So fordert es uns dazu auf, unsere Energie und Kraft für das höhere Wohl einzusetzen. Uns allen fällt jemand ein, der seine Machtposition missbraucht. Mit *brahmacharya* als Richtlinie lernen wir, Entscheidungen zu treffen, die Ausgewogenheit in unserem persönlichen Leben schaffen und uns ermutigen, die daraus resultierende Kraft in unserem Umgang mit der Welt zu nutzen.

Reflexion

Erstelle eine Liste mit allen Dingen, zu denen du gern Nein sagen würdest. Dann mach eine Liste mit allem, wozu du gern Ja sagen würdest.

aparigraha-sthairye janma-kathanta sambodhah (2:39)
Wenn wir nicht wollen, was wir nicht haben,
verstehen wir unseren wahren Lebenssinn.

Falls du nicht zu den 15 Millionen Menschen gehörst, die Shawn Achors TEDx-Talk über das glückliche Geheimnis besserer Arbeit gesehen haben, google es und drück auf Play. Wir laufen nicht weg.

Wenn ich härter arbeite, werde ich Erfolg haben. Wenn ich Erfolg habe, werde ich glücklicher. So denken die meisten von uns. Wenn ich dies habe, wenn ich das erreicht habe, werde ich glücklich sein. Aber wenn wir dann bekommen, wonach wir gestrebt haben, verrücken wir oft einfach nur die Zielpfosten.

Wir geraten in einen Teufelskreis, in dem wir uns immer neue Dinge, Erlebnisse, Errungenschaften wünschen.

Wie Achor und andere Forscher herausgefunden haben, funktioniert unser Geist tatsächlich genau andersherum. Wenn wir glücklich und positiv in der Gegenwart sind, ist es wahrscheinlicher, dass wir unsere Ziele erreichen. Dieser Glücksvorteil verschafft uns einen Vorsprung. Unser Gehirn erbringt eine bessere Leistung. Wir sind kreativer, produktiver und widerstandsfähiger. Wir haben mehr Energie. Wir laufen weniger Gefahr auszubrennen.

Dieses Sutra ist der Glücksvorteil der Yogis. Wenn wir nicht wollen, was wir nicht haben – Habgier, Verlangen, *aparigraha* –, begreifen wir unseren wahren Lebenssinn. Die Wissenschaft hat mittlerweile entdeckt, dass wir unser Gehirn trainieren können, positiver in der Gegenwart zu sein, indem wir uns darauf konzentrieren, was wir bereits haben. Wir können den Glücksfaktor fördern, indem wir Dankbarkeit pflegen.

Reflexion

Um den Glücksvorteil zu nutzen, schlägt Achor vor, drei Dinge aufzuschreiben, für die du in den letzten 24 Stunden dankbar warst. Mach das die nächsten 30 Tage lang jeden Abend. Probier es aus!

Das zweite Glied – Unser Verhaltensgerüst

shauchat svanga-jugupsa parair asamsargah (2:40)
Durch Reinigung vermeiden wir ganz natürlich toxischen Kontakt mit anderen.

Das Internet ist voll mit Detoxdiäten, mit denen wir abnehmen, reinere Haut, mehr Energie und noch viel mehr bekommen sollen. Ein Ziel einer gesunden Entgiftung ist, Nahrungsmittel zu identifizieren und zu eliminieren, die irgendeine Reaktion verursachen könnten, etwa Trägheit oder Entzündungen. Wir beseitigen den potenziellen Giftstoff, um zu sehen, ob wir empfindlich darauf reagieren.

Dies ist der Start von *shaucha*, Reinigung und Sauberkeit. Patanjali erklärt, dass der Reinigungsprozess uns bewusst macht, was giftig für uns ist, sodass wir wissen, was wir meiden und streichen müssen. Irgendwann werden wir so feinfühlig für negative Dinge, dass wir toxische Menschen, Nahrungsmittel, Umgebungen und Gedanken ganz von selbst zu meiden beginnen. Wir werden alles los, was unser Wohlbefinden bedroht – zu hohe Geldausgaben, Zigaretten, die Energie saugende Freundin.

Es geht nicht darum zu versuchen, eine bestimmte Art Mensch zu sein. Vielmehr geht es darum, den überflüssigen Krempel abzulegen, damit wir der sein können, der wir wirklich sind. Wir müssen nicht versuchen, irgendwie anders zu sein, sagt auch die Yogalehrerin und Autorin Judith Lasater. Ein Fehler in unserer spirituellen Übungspraxis ist es, zu glauben, dass wir jemand anderes sein müssen, als wir aber nun mal sind. Reinheit bezeichnet im Yoga die ausdauernde und freundliche Absicht, die Güte zu akzeptieren, die in uns ist.

Die Sutras sagen uns, dass das Göttliche in jedem von uns lebt. Und *shaucha* wischt die Schmutzflecken vom Glas, damit das innere Licht hell leuchten kann.

Reflexion

Erstelle eine Liste mit Dingen, die deiner Meinung nach toxisch für dich sind – das können zum Beispiel Menschen, Nahrungsmittel, Umgebungen oder Gedanken sein. Wähle eine davon aus, und entwirf einen ausführbaren Plan, wie du den Kontakt zu diesem Giftstoff reduzieren oder eliminieren willst und für wie lange. Führe deinen Plan aus, und halte deine Erfahrungen in deinem Tagebuch fest.

*sattva-shuddhi-saumanasyaikagryendriya-jayatma-
darshana yogyatvani cha* (2:41)
Zusätzlich wird der Geist rein, positiv und einsgerichtet.
Die Sinne werden still, und wir werden bereit,
unser wahres Wesen zu erleben.

In ihrem Mega-Bestseller *Magic Cleaning. Wie richtiges Aufräumen Ihr Leben verändert* schlägt die Ordnungskönigin Marie Kondo vor, jeden Gegenstand im Haushalt in die Hand zu nehmen und sich zu fragen: »Macht er mir Freude?« Wenn die Antwort Ja lautet, darf man ihn behalten. Lautet die Antwort Nein, fliegt er raus. Das Leben der KonMari-Methode zu unterziehen bedeutet angewandtes *shaucha*: Sauberkeit schafft Fröhlichkeit.

Denk daran, wie du dich fühlst, wenn deine Wohnung sauber ist oder wenn du dich nach einer schweißtreibenden Yogastunde heiß geduscht hast. *Shaucha* ermuntert uns auch dazu, gut zu essen, genug zu schlafen, uns zu bewegen und unseren Körper so liebevoll zu behandeln, dass es unser inneres Wohlbefinden fördert.

Auf einer tieferen Ebene können wir unsere Gedanken, Worte und Taten genauso reinigen, wie wir unseren Schrank aufräumen würden. Wir können uns einzelne Gedanken ansehen und uns dieselbe Frage stellen: »Macht er mir Freude?« Das hilft uns, unsere Gedanken zu entrümpeln, indem wir den inneren Schmutz, die harsche Selbstkritik, die Verurteilungen, die Negativität in Form von »Ich bin nicht gut genug« wegfegen. Wir polieren unsere Worte auf, indem wir Tratsch, Sarkasmus, Schuldzuweisungen und Wut wegwerfen. Wir rücken unsere Taten gerade, indem wir auf Wutausbrüche im Straßenverkehr, Türenknallen und beleidigtes Davonstürmen verzichten. Und während wir unsere Gedanken aufräumen, werden unsere Worte und Taten folgen.

Vereinfacht gesagt, fordert *shaucha* uns auf, auf unseren Geist und unseren Körper zu achten, damit unsere Seele leicht und fröhlich sein kann. So kann sie uns Freude machen.

Reflexion

Was bedeutet es, gut für dich selbst zu sorgen? Wie machst du das? Wie kannst du noch besser auf dich achtgeben?

santoshad anuttamah sukha-labhah (2:42)
Wahre Freude kommt durch Zufriedenheit.

Als Psychologen in den 1980er- und 1990er-Jahren das Glück zu erforschen begannen, gaben sie ihren Studienteilnehmern Funkmeldeempfänger. Immer wenn sie piepsten, sollten sie notieren, wie glücklich sie sich auf einer Skala von eins bis zehn fühlten und was vorausgegangen war, weswegen sie sich also so fühlten. Nachdem sie auf diese Weise Tausende von Daten gesammelt hatten, stellten sie fest, dass fast alle eine Sieben aufschrieben, unabhängig davon, was sie gerade taten – ob sie nun Lebensmittel einkauften oder dem Fußballspiel ihrer

Kinder zusahen. Wenn etwas Schlechtes passierte – etwa jemand krank war oder sich scheiden ließ –, sank die Bewertung auf einen Wert zwischen zwei und fünf, aber irgendwann ging er wieder zurück auf sieben. Wenn etwas Gutes passierte – ein neuer Job, eine Urlaubsreise –, bekam die Bewertung kurz Auftrieb, pendelte sich dann aber ebenfalls wieder auf sieben ein.

Diese konstante Sieben, bei der die meisten von uns leben, spielt mit uns. Wir glauben: Wenn ich dieses haben oder jenes tun könnte, würde ich auf eine Zehn kommen und dort verweilen. Wir jagen der unmöglich ewig beizubehaltenden Zehn nach. Psychologen nennen dies die hedonistische Tretmühle, weil wir etwas hinterherrennen, nur um uns am selben Ort wiederzufinden.

Patanjali sagt: Wenn wir Zufriedenheit *(santosha)* üben, akzeptieren, wo wir jetzt gerade sind, und begreifen, dass sich alles verändert, werden wir Freude finden. Wenn wir akzeptieren, dass wir die meiste Zeit bei einer Sieben liegen, und daran denken, dass die Zweien und die Zehnen vorübergehen, dann beenden wir unser ständiges Streben. Das heißt nicht, dass wir unsere Ziele aufgeben oder aufhören sollen, uns selbst oder unser Leben zu verbessern. Es lädt uns vielmehr dazu ein, den Weg zu genießen und im Augenblick zu leben.

Aber wie kultiviert man Zufriedenheit? Auch damit hat sich die Wissenschaft beschäftigt.

Dankbarkeit

Wir haben bereits darüber gesprochen, wie Dankbarkeit unser Gehirn dazu trainieren kann, positiver in der Gegenwart zu sein. Sie ist ein Weg, uns von der hedonistischen Tretmühle herunterzubekommen.

Beziehungen

Einer der wenigen äußeren Faktoren, die laut Sozialforschung unser Zufriedenheitsniveau beeinflussen, sind unsere Beziehungen. Wenn wir unentwegt etwas nachjagen, stecken wir unsere Zeit, Energie und Aufmerksamkeit oft ganz in diese Jagd statt in unsere Freunde und Verwandten. Den Fokus auf die Menschen in unserem Leben zu legen hilft uns, Zufriedenheit zu kultivieren.

Sinn

Wir können Zufriedenheit kultivieren, wenn wir ein sinnvolles Leben leben, das unsere Werte widerspiegelt, in dem wir unsere Fähigkeiten einsetzen und auf irgendeine Weise einen Beitrag leisten. Es kann schwierig sein, sich über diesen Punkt klar zu werden, daher kommen hier ein paar Schreibinspirationen, damit du einen Anfang findest.

Reflexion

Was ist für dich wichtig? Zähle so viele Dinge auf, wie dir in den Sinn kommen. Ordne sie nach ihrer Priorität, und kreise die obersten fünf ein.
Welche Fähigkeiten hast du? Zähle so viele auf, wie dir einfallen. Es dürfen sowohl ganz alltägliche Dinge wie Kochen sein als auch abstraktere Fähigkeiten wie Problemlösen.
Welche dieser Fähigkeiten unterstützen, was dir wichtig ist?

---

kayendriya-siddhir ashuddhi-kshayat tapasah (2:43)
Durch engagierte Disziplin
beseitigen wir Unreinheiten
und stärken unsere persönliche Kraft.

Die Menschen kommen fast immer zum Yoga, weil sie etwas ändern wollen. Was sie jeweils ändern wollen, mag unterschiedlich sein – Stress reduzieren, Rückenschmerzen loswerden, Beweglichkeit verbessern –, aber sie wollen etwas ändern. Weiter oben (in 2:2) haben wir schon darüber gesprochen, wie wir uns durch Disziplin, Selbsterforschung und Glauben verändern können. Die drei Praktiken, die als Kriya-Yoga oder Yoga der Handlung bekannt sind, greifen ineinander, damit wir die Gewohnheitsschleifen durchbrechen und Veränderungen bewirken können.

Disziplin *(tapas)* fordert uns im Wesentlichen dazu auf, uns auf das langfristige Ergebnis statt auf unsere unmittelbaren

Wünsche, Impulse und sofortige Belohnungen zu konzentrieren. Das ist nicht leicht, und *tapas* bedeutet wörtlich »verbrennen« oder »durch Hitze reinigen«. Wenn wir brennen – ob unsere Schenkel in der Stuhlstellung brennen oder wir emotional ausgebrannt sind –, tut das weh. Doch wenn wir das vorübergehende, kurzfristige Unbehagen akzeptieren, bauen wir die Stärke auf, um die Yogaposition zu halten, oder wir schmelzen die Gewohnheiten weg, die unser emotionales Burn-out verursacht haben.

Das ist keine Einladung, Schmerz zu suchen. Es geht darum, zu lernen, gesundes Unbehagen auszuhalten, sodass wir unser geistiges, emotionales und körperliches Selbst dehnen und stärken können. Im Yogakurs sprechen wir oft über unsere Grenzen. *Tapas* bedeutet zu verstehen, wo unsere Grenzen sind; sich dabei wohlzufühlen, bis an diese Grenzen zu gehen; aber weise genug zu sein, um nicht in den Abgrund zu stürzen. Wenn wir es zu weit treiben und in den Abgrund fallen, geben wir unsere Ziele auf. Gehen wir es hingegen langsam, beständig und geduldig an, ist uns die erforderliche Anstrengung nicht zu viel, und wir werden die Veränderung schaffen.

Ein Grund, weshalb Veränderungen so schmerzhaft sind, ist unser Alles-oder-nichts-Ansatz: Ich werde zehn Kilo abnehmen, indem ich an sieben Tagen in der Woche Sport mache und vollständig auf Zucker, Kohlenhydrate und Alkohol verzichte. Das ist zu viel, zu schwierig, zu schmerzhaft, um es durchzuhalten. Dauerhafte Veränderungen sind langsam und beständig.

Dave Brailsford ist ein moderner Meister, was langsame, beständige Veränderungen angeht. 2010 übernahm er die Aufgabe, das britische Profi-Radsportteam zu coachen. Er wollte jeden Aspekt des Radfahrens – die Ernährung der Fahrer, das Gewicht der Reifen, das verwendete Massagegel, die Kissen, auf denen die Fahrer schliefen – um einen Prozentpunkt verbessern. Er glaubte, dann würden sie mit der Zeit besser werden und in fünf Jahren die Tour de France gewinnen können. Sie gewannen sie bereits nach drei Jahren, holten den Sieg erneut im folgenden Jahr und brachten bei der Olympiade 2012 viel Gold nach Hause.

Unsere Erfolge im Leben sind keine einzelnen Ereignisse. Sie sind die Folge von vielen kleinen Entscheidungen, gefolgt von einfachen, disziplinierten Schritten, die wir jeden Tag ausführen.

Reflexion

Geh zurück zum Sutra 1:12, und sieh dir noch einmal die Liste mit deinen Zielen an. Entscheide, ob sie immer noch relevant sind. Falls nicht, schreib ein paar neue Ziele auf. Es darf sich dabei um körperliche, persönliche oder berufliche Ziele handeln. Kreise die wichtigsten drei ein, und entwirf einen ersten Plan für eine kleine Maßnahme, die du ergreifen könntest, um diese Ziele zu erreichen. Such dir eines deiner Ziele aus, befolge deinen Plan die nächste Woche über, und halte deine Erfahrungen in deinem Tagebuch fest.

svadhyayad ishta-devata-samprayogah (2:44)
Kontemplation und Selbsterforschung verbinden uns mit dem inneren Göttlichen.

Susanne Bargmann ist eine dänische Psychologin, die immer davon geträumt hatte, Melodien zu schmettern wie Whitney Houston. In ihren Vierzigern beschloss sie, einen Versuch zu wagen und ihren Gesang zu verbessern. Sie fing mit einem Karaoke-Programm an, sodass sie hören konnte, wie sie klang. Schließlich fand sie eine Gesangslehrerin, die ihr Feedback gab und sie anleitete. Sie übte täglich eine Stunde lang. Nach eineinhalb Jahren war sie so weit, dass sie ihre eigenen Songs zu schreiben begann und mit anderen Sängerinnen und Sängern probte. Sie überarbeitete ihre Werke weitere sechs Monate, bevor sie ein paar Songs aufnahm.

Bargmann übte, dachte über ihre Arbeit nach, hörte auf Rückmeldungen von außen und passte ihre Übungen an, bis sie sich so weit verbessert hatte, dass mehrere ihrer Songs regelmäßig von Radiosendern in Dänemark gespielt wurden. Sie verband Disziplin *(tapas)* mit Reflexion *(svadhyaya)*, damit dies geschehen konnte.

Und die Moral von der Geschichte? Üben macht nicht perfekt, aber durchdachtes Üben bringt uns zu yogischer Perfektion, was bedeutet, unser volles Potenzial zu leben. Durchdachtes Üben ist mehr, als nur eine Aufgabe zu wiederholen. Es kommt eine Ebene der Analyse und des Feedbacks hinzu, sodass wir unseren Weg korrigieren und weiterwachsen können. Wir lassen uns nicht einfach in den Autopilot-Modus rutschen, sondern denken kontinuierlich darüber nach, was wir gerade verbessern möchten – ob es nun darum geht, zu singen wie Whitney, in der Taubenhaltung zu ruhen oder uns eine neue Karriere aufzubauen.

Reflexion

Die Selbsterforschung soll uns helfen, unsere Stärken zu erkennen und unsere Schwächen aufzudecken. Dies erfordert ein tiefes ehrliches Nachdenken, denn es ist hart, sich die eigenen Schwachpunkte einzugestehen. Wenn wir sie jedoch aufspüren und akzeptieren, können wir unsere Stärken umso besser einsetzen. Also zähle deine Stärken und Schwächen so ehrlich auf, wie du kannst.

Such dir jemanden, dem du vertraust und der dich gut kennt. Bitte sie oder ihn, dir deine Stärken und Schwächen zu nennen. Was überrascht dich? Was gibt dir ein gutes Gefühl? Gibt es Punkte, bei denen du anderer Meinung bist?

Vergleiche jetzt die Listen, und notiere alle Beschreibungen, die sich überschneiden. Was fällt dir auf?

samadhi-siddhir ishvara-pranidhanat (2:45)
Durch Glauben und vertrauensvolle Hingabe
an das unbekannte Göttliche finden wir
Leichtigkeit und Freude.

Was, wenn ich keinen Erfolg habe? Was, wenn etwas schiefgeht? Was, wenn den Leuten meine Idee nicht gefällt? Was, wenn sie mich nicht mag?

Wir alle schlagen uns mit dieser kleinen Stimme in unserem Kopf herum, die uns einflüstert: »Ich kann nicht« statt: »Natürlich schaffe ich das«. Wir alle haben mit Verletzlichkeit, Unsicherheit und Fehlschlägen zu kämpfen. Deshalb erinnert dieses Sutra uns daran, den Glauben an unser göttliches Potenzial, unser wahres Selbst zu stärken. Es bedeutet, unserer Intuition zu vertrauen, selbst wenn der Intellekt uneingeschränkt herrschen will. Wenn unser Intellekt zum Beispiel sagt: »Du hast es schon dreimal versucht, warum weitermachen?«, bringt uns der Glaube dazu, noch einen vierten Weg zu suchen.

Wenn wir nicht an unsere Ziele glauben, ist unser Geist von Furcht und Angst vernebelt. Das macht es schwer, Chancen zu sehen, kreative Lösungen zu finden und nicht lockerzulassen. Wenn wir tief in unserem Inneren nicht an unsere Ziele glauben, warum sich überhaupt Mühe geben? Wenn wir glauben, suchen wir eher nach Lösungen, die funktionieren, statt nach Gründen, warum etwas nicht klappt. Wir beschränken uns nicht so leicht auf die Gelegenheiten, die direkt vor uns liegen.

Die Stimme wird immer noch da sein. Die Selbstzweifel werfen uns vielleicht immer noch ab und zu um. Aber selbst wenn wir zweifeln, arbeiten wir daran, einen unerschütterlichen Glauben in uns selbst zu kultivieren. Glaube *(ishvara pranidhana)* ist unser Wille, immer wieder aufzustehen, obwohl das Ergebnis nicht sicher ist. Hier sind drei Schreibinspirationen, um dir auf die Füße zu helfen und deinen Glauben zu stärken.

Reflexion

Identifiziere deine Zweifel. Führe alle möglichen Arten auf, auf die du zu dir selbst Nein sagst, und denk dir Antworten darauf aus. Wenn du dich zum Beispiel dabei erwischst, wie du sagst: »Ich kann meinen Geist zum Meditieren nicht ruhig bekommen«, wäre deine neue Antwort: »Ich kann meinen Geist zum Meditieren noch nicht ruhig bekommen.« Wenn du dich bei dem Gedanken ertappst: »Was, wenn ich das Vorstellungsgespräch vergeige?«, könnte deine neue Antwort lauten: »Dann probiere ich es woanders.«

Hör den Neinsagern nicht mehr zu. Wir alle haben – oder hatten – Menschen in unserem Leben, die schnell mit dem Wort Nein sind, die Ideen abwürgen. Wenn wir uns mit Leuten umgeben, die Ja sagen, die uns unterstützen, bekommt unser Selbstvertrauen Auftrieb. Zähle die Cheerleader in deinem Leben auf.

Denk an deine Erfolge. Zähle in der nächsten Woche, wie oft du gewinnst. Notiere an jedem Abend die Erfolge des Tages in deinem Tagebuch.

Das dritte Glied – Nimm Platz

sthira-sukham asanam (2:46)
Yogahaltungen sollten mit Stetigkeit
und Leichtigkeit geübt werden.

Unsere Popkulturvision von Yoga beinhaltet typischerweise Cirque-du-Soleil-artige Verrenkungen, aber Patanjali widmet dem körperlichen Teil des Yoga *(asana)* lediglich drei Sutras – weniger als zwei Prozent des Buchs. Hier erklärt er, dass *asana* schlicht jede Haltung ist, die mit Stetigkeit und Leichtigkeit ausgeführt wird.

Wenn diese Definition etwas einfach erscheint, denk daran, wie schwer es sein kann, die Krähe oder selbst die Ruhehaltung *(shavasana)* zu üben. Wenn wir auch an schwierige Haltungen mit Leichtigkeit herangehen, werden sie irgendwann stetig. Und wenn wir in der Berghaltung stetig bleiben und der juckenden Nase, dem Wunsch zu zappeln, den roten Ziffern auf der Uhr widerstehen können, haben wir uns bereit gemacht, unsere Übungsspraxis von der Matte herunterzuholen. Wenn wir diese Leichtigkeit und Stetigkeit in unseren Körperübungen erreicht haben, beginnen wir dieselben Eigenschaften in geschäftlichen Meetings, in unseren Beziehungen und bei uns selbst zu kultivieren. Und es stärkt und stabilisiert den Körper für die Meditation – den wahren Zweck hinter den Körperhaltungen.

Beständigkeit und Ausgewogenheit sind zwei Schlüssel, um Leichtigkeit und Stetigkeit zu finden. Wir werden keine Stetigkeit finden, wenn wir nicht beständig üben. Und Ausgewogenheit zwischen Arbeit und Ruhe gibt unserem Nervensystem die Chance, sich zu erholen, und ermöglicht uns, in unserer körperlichen Übungspraxis voranzuschreiten, ohne uns dabei zu verletzen.

Reflexion

Was ist deine Lieblingshaltung? Wie fühlst du dich dabei? Welche Haltung magst du am wenigsten? Wie fühlst du dich dabei?
Übe die Haltung, die du nicht magst, sieben Tage lang täglich, und behalte dabei Stetigkeit und Leichtigkeit im Kopf. Überleg dir, wie du die Haltung verändern könntest. Welche Gefühle kommen dabei in dir auf? Was verändert sich?

prayatna-shaithilyananta-samapattibhyam (2:47)
Die Haltungen werden beherrscht, wenn wir unsere Anspannung verringern und uns auf das unendliche Göttliche konzentrieren.

....

tato dvandvanabhighatah (2:48)

Durch diese Herangehensweise verschwinden selbst geistige und emotionale Anspannungen.

Wir können Leichtigkeit und Stetigkeit in unseren Körperübungen finden, sagt Patanjali, indem wir uns auf etwas Wichtiges, etwas Bedeutendes konzentrieren. Am Ende wird unser Fokus das Göttliche.

Für manche von uns scheint es außer Reichweite und zu esoterisch, sich auf das Göttliche zu konzentrieren. Darum fordert man uns häufig dazu auf, zu Beginn der Yogastunde eine Absicht zu formulieren. Das hilft uns, einen Punkt zu schaffen, auf den wir uns konzentrieren können. Eine Absicht soll als Anfangsfokus dienen, zu dem wir unseren Geist zurückführen, wenn unsere Oberschenkel in der Stuhlhaltung zu zittern anfangen. So können wir die Anspannung lösen und das unangenehme Gefühl überwinden. Das soll uns bei unseren Übungen unterstützen und uns durch sie hindurchführen, sodass wir Leichtigkeit und Stetigkeit auf der Matte und jenseits davon finden.

Eine Absicht bindet unsere Aufmerksamkeit, um unser Ziel zu unterstützen. Es handelt sich dabei nicht um einen fernen Wunsch für die Zukunft, sondern um etwas, das uns in der Gegenwart hält. Sie zielt nicht darauf ab, etwas zu reparieren, das wir für falsch an uns halten. Sie ist nichts, was wir geschehen lassen müssen oder von dem wir befürchten, dass wir es nicht hinbekommen werden. Eine Absicht kann ein schlichtes Wort sein, aber sie verkörpert und repräsentiert unsere Werte.

- Unser Ziel mag sein, zehn Kilo abzunehmen. Unsere Absicht ist es, gesund zu sein.

- Unser Ziel mag sein, einen neuen Job zu finden. Unsere Absicht ist Erfolg.

- Unser Ziel mag sein, einen Partner zu suchen. Unsere Absicht ist Liebe.

Reflexion

Allzu oft betrachten wir unsere Ziele als etwas, das wir tun sollten. Wir stellen Anforderungen an uns selbst und andere, die uns einschränken. Welche Anforderungen stellst du an dich selbst? Wozu sagst du: Ich sollte …?
Weiter oben (1:12 und 2:43) hast du etwas über deine Ziele geschrieben. Sieh dir diese Ziele noch einmal an, und zieh in Betracht, diejenigen zu ändern, die mit unangemessenen Anforderungen an dich verbunden sind. Sobald du deine Ziele durchgesehen und einige geändert hast, definiere und beschreibe die zugrunde liegende Absicht. Fass diese Absicht in einem einzigen Wort zusammen. In unserem letzten Beispiel zur Partnersuche wäre das Wort beispielsweise Liebe. Wenn du in den nächsten Wochen merkst, dass du dich angespannt und unstet fühlst, ruf dir dieses einzelne Wort, deine Absicht, wieder ins Gedächtnis. Schreib über diese Erfahrung in deinem Tagebuch. Fällt es dir schwer? Wie hältst du dir das Wort zugänglich? Hilft es dir, dich darauf zu konzentrieren? Wie fühlst du dich dabei?

Das vierte Glied – Atme auf

tasmin sati shvasa-prashvasayor
gati-vichchedah pranayamah (2:49)
Wenn die Haltungen beherrscht werden,
bringt die Kontrolle des Atems die emotionale
und geistige Energie noch weiter ins Gleichgewicht.

....

bahyabhyantara-stambha-vrttih-desha-kala-sankhyabhih
paridrshto dirgha-sukshmah (2:50)
Einatmen, Ausatmen und der Raum
zwischen den Atemzügen können in Länge und Dauer
variiert werden. Das ist *pranayama.*

....

bahyabhyantara-vishayakshepi chaturthah (2:51)
Als Folge dieser Übungen erfahren wir eine subtilere,
mühelose Art des *pranayama.*

....

tatah kshiyate prakashavaranam (2:52)
Wenn diese Stille entsteht, fallen die
Hindernisse weg, und wir dehnen
unsere Bewusstheit des Selbst aus.

....

dharanasu cha yogyata manasah (2:53)
Dann ist der Geist bereit zur Konzentration.

Die meisten von uns denken nicht viel über ihre Atmung nach – ein, aus, ein, aus –, bis es ein Problem damit gibt. *Pranayama* heißt übersetzt so viel wie »Lebenskraft« *(prana)* und »Zurückhaltung« *(yama)*. Es geht dabei im Wesentlichen um die Kontrolle der Atmung. Indem wir unsere Atmung kontrollieren, können wir unbewusste Atemmuster aufbrechen und die Leichtigkeit und Stetigkeit, die wir in unseren Körperübungen finden, nach innen bringen.

Die Volksweisheit, die in dem Satz »Atme tief durch und zähle bis zehn« steckt, wird durch solide Wissenschaft gestützt. Dafür müssen wir einen kurzen Blick auf das vegetative Nervensystem werfen. Es hat zwei Teile: das sympathische und das parasympathische Nervensystem. Das sympathische arbeitet ständig, um die alltäglichen Aufgaben zu erledigen. Es hilft uns auch, auf Gefahr und Stress zu reagieren, und stimuliert dabei unsere Kampf-oder-Flucht-Reaktion. Dies verursacht alle möglichen Körperreaktionen wie beschleunigten Puls, verengte Blutgefäße und erhöhten Blutdruck. Das parasympathische Nervensystem regelt dagegen unsere Ruhe und die Verdauung. Es hilft uns, uns von Stress zu erholen, und steuert die Aktivitäten, wenn wir uns ausruhen.

Das vegetative Nervensystem ist mit einer Vielzahl weiterer Körpervorgänge verknüpft, unter anderem im Herz-Kreislauf-, Verdauungs-, Fortpflanzungs- und Atmungssystem. Das Atmungssystem ist das einzige, das wir direkt und bewusst kontrollieren können. Darum glauben Yogis und eine wachsende

Anzahl von Forschern, dass Atemübungen sehr günstige Auswirkungen auf unsere Gesundheit haben können.

Denk daran, wie sich unsere Atmung verändert, wenn wir glücklich, entspannt, wütend, traurig oder gestresst sind. Wenn wir glücklich und entspannt sind, sind unsere Atemzüge lang und gleichmäßig. Wenn wir wütend sind, atmen wir schnell. Wenn wir Angst haben, ist unser Atem flach. Manchmal halten wir den Atem sogar an. Und oftmals ist er unregelmäßig.

In einer Studie wurde festgestellt, dass das Ändern unseres Atemmusters – von tiefer Bauchatmung zu flacher Atmung oder umgekehrt – eine entsprechende Emotion hervorrufen kann. Das bedeutet, dass wir unsere Gefühle regulieren können, indem wir unser Atemmuster ändern. Andere Studien zeigen die Auswirkungen, die Körper und Atmung auf den Geist haben: Die Forschung hat ergeben, dass uns Atemübungen beruhigen sowie Angst, Depression und Stress mindern können.

Letzten Endes ist *pranayama*, das vierte Glied des *ashtanga*-Systems, die Kontrolle und Ausrichtung aller subtiler Lebenskraft. Es führt zum *prana-ayama*, der Ausdehnung und Verlängerung dieser Lebenskraft. Der Atem ist bloß der Weg hinein. Der Geist folgt dem Atem. Wenn der Atem leicht und stet ist, schafft er dieselbe Gelegenheit für den Geist. An diesem Punkt haben wir die Fähigkeit, uns zu fokussieren und zu konzentrieren – das nächste Glied oder Stadium in unserer Übungspraxis. Irgendwann sind wir so stet, dass der Atem und der Geist still und klar sind.

Reflexion

Die Sutras nennen die Abschnitte der Atmung Einatmen, Ausatmen und Atemanhalten. Obwohl Patanjali keine spezifischen Arten zu atmen aufführt, beschreiben andere yogische Texte detailliert Hunderte Atemtechniken mit variierenden Längen und Mustern. Jede bietet einen anderen Nutzen, so wie die verschiedenen Yogahaltungen jeweils eine andere Wirkung haben. Eine Atemtechnik, die vorgeschlagen wird, um mit dem Meditieren zu beginnen, beinhaltet ein verlängertes Ausatmen.

Versuche es: Zähle beim Einatmen bis zwei und beim Ausatmen bis vier. Wenn du mit Leichtigkeit fortfahren kannst, zähle beim Einatmen bis drei und beim Austamen bis fünf. Sobald das angenehm ist, zähle beim Einatmen bis vier und beim Ausatmen bis sechs. Mach das drei bis fünf Minuten lang. Wie fühlst du dich? Ist das gut realisierbar? Könntest du weiter in dieser Übung bleiben?

Mach dies als formale Übungspraxis eine Woche lang, und schreib nach jeder Sitzung auf, wie du dich fühlst. Wann immer du während dieser Woche unsicher, aufgewühlt oder angespannt bist, führe ein paar dieser Atemzyklen durch und achte darauf, wie es dir danach geht.

Das fünfte Glied – Ruhe, bitte

svavishayasamprayoge chittasya svarupanukara ivendriyanam pratyaharah (2:54)
Als Nächstes werden die Sinne nach innen
und auf den Geist selbst gerichtet.

....

tatah parama vashyatendriyanam (2:55)
Dann werden die Sinne kontrolliert,
und man konzentriert sich auf das Innere.

Bist du schon mal in der Ruhehaltung dagelegen und vom Geräusch eines vorbeifahrenden Busses, dem Duft frischer Croissants aus der Bäckerei nebenan oder der kühlen, kitzelnden Brise eines Ventilators abgelenkt worden? Wenn wir den Atem so weit zur Ruhe gebracht haben, dass wir unsere Sinne nach innen wenden können, sodass wir nicht mehr durch den Anblick der Dinge, die Geräusche und Gerüche um uns herum abgelenkt werden, haben wir den Zustand des *pratyahara* (»die Sinne nach innen wenden«) erreicht, das fünfte Glied des Yoga. Wir schalten unsere Sinne nicht aus; wir lassen sie ruhen. Den ganzen Tag sind die Sinne lebendig und aktiv, sie füttern uns mit Informationen und lenken den Geist. Im *pratyahara* lenkt der Geist die Sinne. Der Bus macht immer noch Krach, die Croissants riechen immer noch gut, und der Ventilator bläst immer noch, aber wir bemerken es nicht. Die Sinne auf diese Art und Weise zu beruhigen ist notwendig für anhaltende Konzentration und Meditation.

Reflexion

Wenn wir uns zum Meditieren hinsetzen, suchen wir uns normalerweise einen ruhigen, schwach beleuchteten Ort, um Ablenkungen zu eliminieren. Such dir stattdessen auch mal einen geschäftigen, gut beleuchteten, aktiven Platz, und setz dich dort zum Meditieren hin. Versuche, die körperlichen und emotionalen Empfindungen, die auftauchen, zu deinem Fokus zu machen. Schaffst du es, deine Sinne ruhen zu lassen? Falls nicht, beschreibe, was dich genau ablenkt. Falls du es schaffst, welche Empfindungen sind dabei entstanden? Wie hast du dich gefühlt?

BUCH DREI:
Vibhuti Pada

Vibhuti bezieht sich auf eine heilige weiße Asche, die in religiösen Zeremonien verwendet wird. Sie ist ein geeignetes Symbol, da die letzten drei Glieder uns zu unserem größten Potenzial bringen. An diesem Punkt haben wir die Filter, Beschränkungen und Hindernisse weggebrannt, die uns davon abgehalten haben, unser bestes Leben zu leben.

In Buch drei schließt Patanjali den achtgliedrigen Pfad fast unmittelbar ab. Er nutzt die restlichen Sutras dafür, Näheres zu den weiteren Stadien der Erleuchtung zu sagen. Die restlichen Sutras beschreiben eher die Resultate, die wir erzielen, wenn wir die gesamte Yogapraxis aufnehmen. Aus diesem Grund beenden wir *Die Yoga-Sutras* für dich und dein Leben mit dem achten Glied. Diese Sutras enthalten den Grund, die Theorie und die Techniken, die die Selbsterforschung fördern und unterstützen – alles, was erforderlich ist, um eine vollständige Übungspraxis zu entwickeln.

Zusammen sind die letzten drei Glieder als *samyama* bekannt. Dies ist die kombinierte und gleichzeitige Übungspraxis dessen, was wir oft im weiteren Sinne als Meditation betrachten. Die Übungen wurden zusammengefasst, weil die Tiefe der Meditation schwankt. Selbst mit Disziplin haben wir an manchen Tagen unsere Schwierigkeiten, achtsam dazusitzen, während es an anderen Tagen mühelos zu tiefer Versunkenheit kommt.

Diese Stadien sind der Höhepunkt unserer Arbeit. Wir geben zu jedem Sutra eine kurze Erklärung und einen Kommentar, aber keine individuellen Überlegungen. Stattdessen gibt es eine letzte Schreibinspiration, damit dies eine aktive und lebendige Übung auf deinem Weg bleibt.

Die inneren Glieder – Der Weg voran

desha-bandhash chittasya dharana (3:1)
Konzentration bedeutet, den Geist mit einem Ort,
einem Gegenstand oder einer Idee zu vereinen,
um spirituell zu erwachen.

Es ist wichtig, von dem Mythos abzukommen, dass wir uns nur ruhig hinzusetzen und die Augen zu schließen brauchen, um irgendwann die Selbstverwirklichung zu erreichen. Es ist schwierig, in den vollen Zustand der Meditation zu gelangen, der uns zu diesem Niveau der Bewusstheit über unser wahres Wesen bringt. Aus diesem Grund nennt Patanjali drei Ebenen der Bewusstheit. Den Anfang bildet anhaltende Konzentration, gefolgt von Meditation bis hin zu völliger Versunkenheit. Das sechste Glied, *dharana*, ist die erste Ebene, der anhaltende Zustand der Konzentration, den wir erreichen, indem wir uns auf etwas fokussieren.

Ebenso wie wir uns auf eine Absicht fokussieren, um unsere Körperübungen *(asana)* zu unterstützen, nutzen wir in dieser Ebene einen Fokus, um unsere Meditationsübungen zu unterstützen. Das Sutra leitet uns nicht dazu an, uns auf etwas Bestimmtes oder Besonderes zu fokussieren. Wir können einen äußeren Gegenstand, eine Vorstellung oder einen Wert oder Aspekt von uns selbst wählen. Später erklärt Patanjali, dass wir das kultivieren, worauf wir uns konzentrieren, und rät uns, dies bei der Auswahl unseres Fokus zu berücksichtigen. Wenn wir zum Beispiel weniger Angst haben wollen, stellen wir uns inneren Frieden vor und fokussieren uns darauf.

Diese Ebene der Konzentration, *dharana*, ist der Anfang der Meditation. Wie Sri Swami Satchidananda sagt: »Konzentration ist der Beginn der Meditation; Meditation ist der Höhepunkt der Konzentration.«

tatra pratyayaika-tanata dhyanam (3:2)
Meditation ist die mühelose, anhaltende Konzentration
auf den dauernden Eindruck dieses Fokusobjekts.

Die meisten von uns fokussieren sich auf den Atem oder eine Vorstellung wie liebevolles Mitgefühl, wenn sie mit dem Meditieren anfangen. Am Anfang schweift unser Geist häufig ab, und wir bringen ihn zurück zu unserem Fokus. Er schweift wieder ab, und wir bringen ihn wieder zurück. Wenn unsere Aufmerksamkeit ununterbrochen wird, wenn der Geist nicht mehr abschweift, haben wir das siebte Glied des Yoga erreicht, *dhyana*.

Schließlich gehen wir zum *samadhi*, dem achten Glied, über, einem Zustand, in dem wir vollkommen und mühelos gegenwärtig und bewusst sind. Wir fühlen uns vollständig und erleben voll und ganz den Augenblick.

Meditation steht mittlerweile im Lexikon, aber wir verwechseln Konzentration oder Kontemplation mit Meditation. Wir sagen beispielsweise: Ich habe darüber meditiert, ob ich mir ein neues Auto kaufen soll. Wenn wir etwas über Begriff, Bedeutung und Erscheinung hinaus verstehen, sind wir von der Konzentration zur Meditation übergegangen. Wir meditieren nicht über etwas. Stattdessen fällt alles weg, einschließlich unserer Filter und Beschränkungen. Wir haben unser Konzept davon, wer wir sind, aufgegeben und erkennen die Wahrheit.

tad evartha-matra nirbhasam
svarupa-shunyam iva samadhih (3:3)
Erleuchtung ist, wenn die Meditation das Objekt
wahrheitsgetreu widerspiegelt, ohne es durch Gedanken
an frühere Eindrücke zu verzerren.

Schließlich erreichen wir *samadhi*, das achte Glied, und damit einen Zustand, in dem wir so vollständig und mühelos gegenwärtig und bewusst sind, dass ein neues Licht in uns herandämmert und wir anders sehen. Der Geist ist stet und so klar, dass er nur das genaue Wesen von sich selbst widerspiegeln kann, das friedvoll und ganz ist. In diesem Zustand gibt es keine Verzerrung unserer Wahrheit, keine Ursache für Leid, die das Bewusstsein trübt, und das göttliche Licht im Inneren leuchtet. Wir sind voll und ganz dieses göttliche Licht.

Das größte Abenteuer unseres Lebens besteht darin, unser wahres Wesen zu entdecken; zu erkennen, wer wir wirklich sind. Unser Weg mag nicht immer gerade sein, aber es geht immer voran. Die Sutras bieten eine simple Anleitung: Wenn wir unseren Geist stet und ruhig bekommen, werden wir unser wahres Selbst verstehen.

Es ist simpel, aber nicht einfach. Deshalb gibt uns Patanjali einen ganzen Plan und Wege an die Hand, um die Herausforderungen des menschlichen Lebens zu bewältigen, Freude zu kultivieren und ein erfüllendes Leben zu leben. Dieser Plan leitet uns, sodass wir gesunde Beziehungen zu anderen führen *(yamas)*, eine gesunde Beziehung zu uns selbst pflegen *(niyamas*, *asana* und *pranayama)* und letzten Endes den Geist fokussieren und beruhigen können *(pratyahara*, *dharana*, *dhyana* und *samadhi)*.

Dieser Plan führt dazu, dass wir unser wahres Selbst erkennen und akzeptieren. Dann erfahren wir inneren Frieden und Klarheit. Wir bleiben geerdet und mit dem moralischen Kompass verbunden, der uns definiert. Wir können das meiste aus unseren einzigartigen Eigenschaften und Fähigkeiten machen; wir machen das Beste aus unserem Potenzial. Wir entdecken unseren wahren Lebenssinn und leben voller Leichtigkeit.

Wir haben eine simple Anleitung. Der Rest der Sutras, das sind unser Plan, unser Führer, unsere Übungspraxis. Denk daran, Patanjali gibt uns unsere Anleitung ab dem zweiten Sutra. Zuerst sagt er: Nun fangen wir an. Es ist ein kontinuierliches Üben erforderlich.

Wie Thomas Moore in *Der Seele Raum geben* schreibt, führt die Sorge um die Seele zu einem individuellen Ich, das wir uns nicht vorher haben vorstellen können. In der Sorge für unsere Seele eröffnen wir unserer vollen Genialität den Weg und lassen uns von ihr überraschen.

Wir haben *Die Yoga-Sutras für dich und dein Leben* als Leitfaden geschrieben und hoffen, dass er eine Brücke zwischen uralter Theorie und moderner Anwendung baut, zwischen Ideen auf Papier und einer aktiven lebendigen Übungspraxis. Daher verabschieden wir dich mit einer abschließenden Übung. Sie soll dir helfen, gewissenhaft für deine Seele zu sorgen, Tag für Tag, sodass sich dein wahres Wesen zeigt.

Reflexion

Sieh deine Tagebucheinträge noch einmal durch, und schreib dir stichpunktartig Themen auf. Stell eine Stoppuhr auf zehn Minuten, und schreib deine freien Assoziationen zu dem Thema auf, das dir heute am meisten ins Auge sticht. Wo sind deine Gedanken hingesprungen? Was hast du gelernt? Wie hilft dir das dabei, voranzuschreiten? Stell dir mit all den Werkzeugen, die du dir in diesem Buch angeeignet hast, eine Übungspraxis zusammen. Dadurch nutzt du diese Informationen, um in deinem Leben voranzukommen.

Wir laden dich ein, regelmäßig zurückzublättern, die Fragen zu beantworten und dir die Themen noch einmal anzusehen. Die Antworten werden sich weiterentwickeln, so wie du dich auf deinem Weg weiterentwickelst. Yoga ist eine lebendige Übungspraxis, und auch dein Tagebuch soll leben und sich verändern wie du.

Danksagung

Schreiben und Yoga haben viel gemein. Beide haben mich gelehrt, meine Grenzen zu testen, im gegenwärtigen Moment zu bleiben und subtile Empfindungen wahrzunehmen. Und manchmal stelle ich fest, dass es am schwierigsten ist, einfach am Ball zu bleiben. Meine Eltern, Bob und Kitty DiNardo, haben mir beigebracht, wie wichtig es ist, dabeizubleiben und die Arbeit zu tun. Dafür und für noch viel mehr bin ich ihnen unglaublich dankbar.

Die Past-Tense-Gemeinschaft hat entscheidend dazu beigetragen, dass ich Yoga liebe. Sie hat meine Stärke, Flexibilität und mein Gleichgewicht auf der Matte und jenseits davon gestärkt und mir geholfen, ein fröhliches Yoga-Zuhause zu schaffen. Sie erinnert mich daran, wie viel Spaß es machen kann, etwas verdreht zu sein und das Leben auf den Kopf gestellt zu betrachten. Danke, Kula Yoga & Wellness und TANTRA Wellness & Yoga, dass ihr mir unterwegs ein Yogaheim bietet.

Meine Freundin, Yogalehrerin und Co-Autorin Amy Pearce-Hayden, ich danke dir für unser Lachen und unsere Gespräche, dafür, dass du mir gezeigt hast, auch den Weg zum Handstand zu genießen (und die gelegentliche Hilfestellung), und dafür, dass du mich ermutigt und mir dabei geholfen hast, meine Übungspraxis von der Matte herunterzuholen.

Ein Riesendank geht an euch, meine Freunde und meine Familie, besonders an diejenigen unter euch, die mir geholfen haben, mich auf den Hosenboden zu setzen und zu schreiben: Susan Brown, Ann und Keith Fielder, Michele Aranda und Michele Fritz. Ein besonderes Dankeschön an Dan Carter, Mallory Newall und Jenna Grubman, die den Laden bei Past Tense am Laufen hielten, besonders während dieses Projektes.

Unglaublich dankbar bin ich Kate Melloy Goettel, Sonja Kubota Johansson, Caroline Gomez, Zach und Crystal Ketterhagen, James Sabatini und Christine Robinson dafür, dass sie die ersten Versionen unseres Manuskriptes gelesen und so wohlüberlegtes, konstruktives Feedback gegeben haben. Vielen Dank, Beth Frankl und Audra Figgins bei Shambhala, dass ihr an dieses Projekt geglaubt und es so wunderbar verlegt habt.

Jessica Papin, schon bevor du meine Agentin wurdest, hast du mir freundlicherweise wundervollen Rat gegeben. Ich bin dankbar dafür und für all die Unterstützung, die du mir seither gegeben hast.

Und zu guter Letzt danke ich meinem gut aussehenden, witzigen Ehemann JP Fielder, der mit ungezügelter Begeisterung und strategischen Plänen meine verrücktesten Träume fördert und Wirklichkeit werden lässt – wie, ein Yogastudio inmitten einer Wirtschaftskrise zu eröffnen oder mehrere Buchprojekte auf einmal zu jonglieren. *Damase '09.*

Mit Liebe und Dankbarkeit, Kelly

Wie wir an einen bestimmten Punkt in unserem Leben gelangen, ist nie zufällig, sondern eine Aneinanderreihung einmaliger Momente, Entscheidungen, Erfahrungen und Einflüsse. Ich wuchs mit einem starken katholischen Hintergrund auf und stellte fest, dass mich gewisse Aspekte von Ritualen interessierten. So mochte ich etwa den Ablauf der Messe und war gespannt auf die Sakramente. Ich muss meiner Mutter Judy für diese Einführung in den Glauben danken. Mein Vater Jim dachte immer über den eigenen religiösen Kirchenturm hinaus; vielleicht hat mich das unterschwellig dazu ermuntert, meinen eigenen spirituellen Weg zu finden. Ich bin ihnen beiden dankbar.

Die Yogaphilosophie erfordert vom klassischen Standpunkt aus keinen bestimmten Glauben, sondern fordert uns dazu auf, uns selbst einzubringen. Dazu nutzt sie eine systematische Herangehensweise, mit der wir nicht nur ein Verständnis davon gewinnen, wer wir sind, sondern auch davon, was unser Potenzial ist. Sie regt uns dazu an, einen Schritt zurückzutreten und zu lernen, der Beobachter unseres Lebens zu sein, unser Handeln und unsere Motive zu hinterfragen und zu erforschen. Sie lehrt uns, dass unsere Erfahrungen nach einem zeitlich perfekten und einzigartigen Plan erfolgen, sodass wir zu dem besten Menschen werden, der wir sein können.

Ich hatte das Glück, auf meinem Weg bei vielen wunderbaren Lehrerinnen und Lehrern zu lernen, unter anderem Rolf Sovik, Pandit Rajmani Tigunait, Sandra Anderson und Shari Friedrichsen in der Himalaya-Tradition sowie Lisa Matkin, Charles Matkin und Gabriel Halpern, meinen frühen Ratgebern. Nachdem ich seit 25 Jahren Yoga mache und es seit fast zwei Jahrzehnten lehre, ist es die tägliche Anwendung des yogischen Systems, die die Entwicklung meiner eigenen Fähigkeiten gefördert hat. Ich werde meinen Schülerinnen und Schülern ewig dankbar sein, besonders denen, die meine erste große Unternehmung unterstützt haben, das YogaScape & Spa in New York.

Besonders danken möchte ich Caroline Gomez und Lisa Marie Casagrande für ihre bedingungslose Liebe, Unterstützung und Rückmeldung, nicht nur während ich dieses Buch geschrieben habe, sondern seit unser gemeinsamer Weg begann. James Sabatini, Leslie Bernstein, Maura Cody und Monica Lambert: Ihr habt mich immer angefeuert. Ein besonderes Dankeschön an Zach und Crystal Ketterhagen, Christine Robinson, Kate Melloy Goettel und Sonja Kubota Johnasson für das frühe Feedback und die Bearbeitung des Manuskriptes.

Die Yoga-Sutras waren immer zentral für meine Übungspraxis und Lehre. Sie haben mir geholfen, den Sinn meines Lebens herauszufinden, und bilden die Grundlage dafür, wie ich ein erfülltes und gutes Leben lebe. Zutiefst dankbar bin ich Beth Frankl und Audra Figgins von Shambhala Publications und Jessica Papin bei Dystel, Goderich & Bourret für all ihre Hilfe und Unterstützung dabei, ein Werk, das mir persönlich so viel bedeutet, für ein größeres Publikum herauszubringen.

Ich bin meiner Schreibpartnerin Kelly so dankbar. Dein sachverständiger literarischer Sinn hat dieses Manuskript möglich gemacht. Dass wir uns über den Weg gelaufen sind, war wohl unvermeidlich. Ich saß, ohne es zu wissen, neben Kellys Mom auf einem Flug von New York nach Madison. Sie wollte uns miteinander bekannt machen, weil wir beide Yogastudios besitzen, die vor Kurzem nach Madison verlegt wurden. Wir tauschten Visitenkarten aus, legten sie in eine Schublade und vergaßen sie. Magischerweise wurde Kelly ein paar Monate später meine Schülerin bei Kula Yoga & Wellness. Während unserer Zusammenarbeit stückelten wir die Geschichte zusammen. Ich bin dankbar, dass das Universum so sehr darauf beharrte, uns zusammenzubringen. Vielen Dank an Becky Petersen, die die Gemeinschaft bei Kula geschaffen hat und unsere Begegnung ermöglichte.

An meinen mich stets unterstützenden und liebevollen Partner Jorge Melara: danke dir. Danke, dass du bereit bist, die Wellen zu reiten, die Strömung zu sein und mit mir zu treiben. Du bist wahrhaft ein Yogi.

Und an die Yogaschüler: Euch bin ich dankbar. Mögen wir uns weiterhin gegenseitig inspirieren und die Anwendung dieses wunderbaren alten Systems fördern.

In Dankbarkeit, Amy

Anhang 1: Empfehlungen

Die Sutras

Die im Folgenden aufgelisteten Bücher bieten englische und deutsche Übersetzungen und vertiefende Kommentare zu den Sutras. Sie reichen von leicht zugänglichen bis zu tiefer gehenden wissenschaftlichen Ausgaben. Wir schlagen vor, mit Satchidanandas eingängigem Kommentar anzufangen und sich zu den Kommentaren von Iyengar und Bryant vorzuarbeiten, die beide als maßgebliche und umfassende Leitfäden gelten.

Bryant, Edwin F.: The Yoga Sūtras of Patañjali. A New Edition, Translation, and Commentary. New York: North Point Press, 2009.

Carrera, Jaganath: Inside the Yoga Sutras. A Comprehensive Sourcebook for the Study and Practice of Patanjali's Yoga Sutras. Buckingham, VA: Integral Yoga Publications, 2005.

Iyengar, B. K. S.: Der Urquell des Yoga. Die Yoga-Sutras des Patañjali. Aus dem Englischen von Jochen Lehner. München: Barth, 2010.

Mehta, Rohit: Yoga. The Art of Integration. Wheaton, IL: Theosophical Publishing House, 1975.

Miller, Barbara Stoler/Prakash, Prem (Hrsg.): Yoga. Der innere Weg zur Freiheit. Aus dem Amerikanischen von Hans-Georg Türstig. Frankfurt am Main: Krüger, 1999.

Saraswati, Swami Satyananda: Four Chapters on Freedom. Commentary on the Yoga Sutras of Patanjali. Bihar, India: Yoga Publications Trust, 2013.

Satchidananda, Sri Swami: The Yoga Sutras of Patanjali. Buckingham, VA: Integral Yoga Publications, 2012.

Taimini, I. K.: Die Wissenschaft des Yoga. Die Geheimnisse der Yoga-Sutras entschlüsselt. Übersetzung von Lotte Flock. Grafing: Aquamarin-Verlag, 2006.

Tigunait, Pandit Rajmani: The Practice of the Yoga Sutra. Sadhana Pada. Honesdale, PA: Himalayan Institute Press, 2017.

Tigunait, Pandit Rajmani: The Secret of the Yoga Sutra. Samadhi Pada. Honesdale, PA: Himalayan Institute Press, 2014.

Zur Meditation

Dass, Ram: Reise des Erwachens. Handbuch zur Meditation. Aus dem Amerikanischen von Stewart Coltman. München: Droemer Knaur, 1985.

Meditation kann mehr sein als nur eine Übung im stillen Sitzen. Dass erkundet eine Vielzahl von Möglichkeiten, einschließlich Mantra, Singen, Visualisierung und Bewegung.

Mipham, Sakyong: Wie der weite Raum. Die Kraft der Meditation. Aus dem Englischen von Maike und Stephan Schumacher. München: Deutscher Taschenbuch Verlag, 2005.

Leicht zugängliche Einführung in die Grundlagen der Meditation.

Morgan, Bill: The Meditator's Dilemma. An Innovative Approach to Overcoming Obstacles and Revitalizing Your Practice. Boulder: Shambhala, 2016.

Der Psychologe und Meditationslehrer gibt Tipps, wie man mit verbreiteten Schwierigkeiten beim Aufbau einer regelmäßigen Übungspraxis umgeht. Das Buch enthält mehrere geführte Meditationsanleitungen.

Nairn, Rob: What Is Meditation? Buddhism for Everyone. Boston: Shambhala, 2000.

Eine Erklärung der Meditation aus buddhistischer Weltsicht, mit einfachen Schritt-für-Schritt-Anleitungen zum Beginnen einer eigenen Übungspraxis.

Piver, Susan: Start Here Now. An Open-Hearted Guide to the Path and Practice of Meditation. Boston: Shambhala, 2015.

Die renommierte buddhistische Lehrerin definiert, was Meditation ist. Sie erklärt, was man zum Anfangen wissen muss, räumt verbreitete Mythen aus dem Weg und bietet Rat, wie man typische Hindernisse beim Aufbau einer regelmäßigen Übungspraxis überwindet.

Rinzler, Lodro: Sitzen wie ein Buddha. Meditation für Anfänger. Übersetzung von Michael Wallossek. München: Scorpio, 2015.

Moderner, leicht zugänglicher Leitfaden für Meditationsanfänger, der sich an ein spirituelles, aber nicht religiöses Publikum richtet.

Salzberg, Sharon: Entdecke die Kraft der Meditation. Aus dem Englischen übersetzt von Jochen Lehner. München: Heyne, 2014.

28-Tage-Programm, um mit dem Meditieren anzufangen, mit Erklärungen, wie Meditation funktioniert, und praktischer Anleitung.

Sovik, Rolf: Moving Inward. The Journey to Meditation. Honesdale, PA: Himalayan Institute Press, 2007.

Detaillierte Anleitung, wie man mit dem Meditieren anfangen kann, vom Finden einer bequemen Sitzhaltung bis hin zu Atemtechniken.

Trungpa, Chögyam: The Path Is the Goal. A Basic Handbook of Buddhist Meditation. Boston: Shambhala, 2011.

Einfaches, praktisches Meditationshandbuch von einem renommierten Lehrer.

Weitere Empfehlungen

Chödrön, Pema: Den Sprung wagen. Wie wir uns von destruktiven Gewohnheiten und Ängsten befreien. Aus dem amerikanischen Englisch von Margarethe Randow-Tesch. München: Goldmann, 2013.

Die Bestsellerautorin und spirituelle Lehrerin zeigt, wie du mithilfe buddhistischer Weisheit tief verwurzelte Verhaltensweisen erkennen und aufbrechen kannst.

Cope, Stephen: Das große Werk deines Lebens. Die Weisheit der Bhagavad Gîtâ neu entdecken. Aus dem Amerikanischen von Maria Harper. Freiburg: Arbor-Verlag, 2014.

Dieser detaillierte, moderne und leicht zugängliche Rundgang durch die Bhagavad Gita, ein uraltes indisches Epos, hilft den Lesern, ihren eigenen Lebenssinn zu entdecken.

Cope, Stephen: Yoga. Die Suche nach dem wahren Selbst. Übersetzt von Michael Kambach. Freiburg: Arbor-Verlag, 2013.

Der persönliche Weg eines Psychologen, der in ein Yogazentrum zog und sein wahres Wesen entdeckte.

Covey, Stephen R.: Die 7 Wege zur Effektivität. Prinzipien für persönlichen und beruflichen Erfolg. Übersetzt von Angela Roethe, Nikolas Bertheau, Ingrid Proß-Gill. Offenbach: Gabal, 2018.

Prinzipiengestützter Ratgeber, um sich selbst und das eigene Leben zu ändern, sowohl in beruflicher als auch privater Hinsicht.

Csikszentmihalyi, Mihaly: Flow. Das Geheimnis des Glücks. Aus dem Amerikanischen von Annette Charpentier. Stuttgart: Klett-Cotta, 2017.

Das Buch definiert den Flow-Zustand, fasst Jahrzehnte der Forschung über Freude und Kreativität zusammen und untersucht Möglichkeiten, wie dieser Zustand kontrolliert werden kann.

Duhigg, Charles: Die Macht der Gewohnheit. Warum wir tun, was wir tun. Aus dem Amerikanischen von Thorsten Schmidt. München, Zürich: Piper, 2014.

Der mit dem Pulitzer-Preis ausgezeichnete Reporter gibt Einblicke in die Gewohnheitsforschung – warum es Gewohnheiten gibt und wie man sie ändern kann.

Farhi, Donna: The Breathing Book. Good Health and Vitality Through Essential Breath Work. New York: Holt Paperbacks, 1996.

Praktischer Leitfaden für Atemtechniken mit Fotos und Illustrationen.

Feuerstein, Georg: The Shambhala Encyclopedia of Yoga. Boston: Shambhala, 2000.

Lexikon zur Geschichte, den Lehrerinnen und Lehrern, den Schulen und Schriften des Yoga.

Iyengar, B. K. S.: Licht auf Pranayama. Das grundlegende Lehrbuch der Atemschule des Yoga. Aus dem Englischen von Hans-Ulrich Möhring. München: Barth, 2012.

Der Yogameister gibt einen detaillierten Einblick ins Atmungssystem und die Pranayama-Techniken.

Iyengar, B. K. S.: Licht auf Yoga. Das grundlegende Lehrbuch des Hatha-Yoga. Aus dem Englischen von Ursula Mangold. München: Barth, 2010.

Maßgebliche Yogaanleitung mit detaillierten Beschreibungen und Fotos der Haltungen und Atemtechniken.

Kondō, Marie: Magic Cleaning. Wie richtiges Aufräumen Ihr Leben verändert. Aus dem Japanischen von Monika Lubitz. Reinbek bei Hamburg: Rowohlt Taschenbuch Verlag, 2013.

Dieser Ratgeber hilft dir, deine Beziehung zu allen Dingen in deinem Haus und deinem Leben zu verändern.

Kornfield, Jack: Nach der Erleuchtung Wäsche waschen und Kartoffeln schälen. Wie spirituelle Erfahrung das Leben verändert. Aus dem Amerikanischen von Ilse Fath-Engelhardt. München: Goldmann, 2010.

Wie Erleuchtete im echten Leben zurechtkommen, vom banalen Wäschewaschen bis zu herzzerreißendem Verlust.

Moore, Thomas: Der Seele Raum geben. Wie Leben gelingen kann. Die deutsche Übersetzung basiert auf der Übersetzung von Alwine Heidi Schuler. München: Claudius, 2010.

Der Blick eines Psychotherapeuten auf die Verbindung zwischen Spiritualität und den Problemen des Einzelnen und der Gesellschaft.

Rosen, Richard: The Yoga of Breath.– A Step-by-Step Guide to Pranayama. Boston: Shambhala, 2002.

Hervorragende Pranayama-Anleitung mit verständlichen Erklärungen der komplexen Philosophie.

Ruiz, don Miguel: Die vier Versprechen. Ein Weisheitsbuch der Tolteken. Aus dem Amerikanischen von Angelika Hansen. Berlin: Ullstein, 2012.

Dieses auf toltekischer Weisheit basierende Buch gibt dir einen Vehaltenskodex an die Hand, der dein Leben verändern soll.

Sparrowe, Linda: Yoga at Home. Inspiration for Creating Your Own Home Practice. New York: Rizzoli, 2015.

Dieser Ratgeber hilft, eine Yoga-Übungspraxis für zu Hause zusammenzustellen. Mit wunderschönen Fotos und Erkenntnissen von bekannten Yogalehrerinnen und -lehrern wie Seane Corne, David Life, Sharon Gannon und Elena Brower.

Stone, Michael: The Inner Tradition of Yoga. A Guide to Yoga Philosophy for the Contemporary Practitioner. Boston: Shambhala, 2008.

Der Buddhist und Meditationslehrer Michael Stone erklärt die Philosophie des Yoga auf praktische, zugängliche Weise, die dem Leser helfen soll, sie auch jenseits der Matte anzuwenden.

Trungpa, Chögyam: Spirituellen Materialismus durchschneiden. Übersetzung von Sylvia Luetjohann. Bielefeld: Theseus Verlag, 2011.

Der Meditationsmeister und -lehrer untersucht, wie wir auf unserer spirituellen Reise abgelenkt werden.

Trungpa, Chögyam: Der Mythos Freiheit und der Weg der Meditation. Eine Einführung in den tibetischen Buddhismus. Übersetzung von Sylvia Luetjohann. Reinbek bei Hamburg: Rowohlt Taschenbuch Verlag, 2006.

In kurzen, leicht zugänglichen Kapiteln erkundet Trungpa die Bedeutung von Freiheit und echter Spiritualität aus buddhistischer Perspektive.

Aus dem Netz

www.kellydinardo.com: Kellys persönliche Website mit Links zu Reise-, Gesundheits- und Yogatexten, ihren anderen Büchern, bevorstehenden Vorträgen und mehr.

www.tantramadison.com: TANTRA Wellness & Yoga, Amys Yogastudio in Madison, Wisconsin, mit Informationen und Links zu ihrem Unterricht, ihren Workshops, Retreats und vielem mehr.

www.shambhala.com/articles: Auf dem Internetauftritt des Shambhala-Verlags findest du täglich ein Weisheitszitat sowie Essays von bekannten Achtsamkeitsautoren wie Pema Chödrön.

www.ted.com/talks/shawn_achor_the_happy_secret_to_better_work: Shawn Achors TED-Talk über den Glücksvorteil.

Anhang 2: Die Sutras

Wie schon in der Einführung erwähnt, sollen *Die Yoga-Sutras* für dich und dein Leben keine wörtliche Übersetzung der Yoga-Sutras sein, sondern eine leicht zugängliche Erklärung für den Leser von heute. Hier sind sie noch einmal ohne Kommentar aufgeführt, damit du den roten Faden sehen kannst.

atha yoganushasanam (1:1)
Nun fangen wir an.

....

yogash chitta-vrtti-nirodha (1:2)
Yoga ist die Kontrolle der Bewegungen des Geistes.

....

tada drastuh svarupe 'vasthanam (1:3)
Wenn der Geist stet und ruhig ist,
erkennen wir unser wahres Wesen.

....

vrtti-sarupyam itaratra (1:4)
Zu anderen Zeiten folgen wir den Bewegungen des Geistes.

....

vrttaya panchatayyah klishtaklishtah (1:5)
Es gibt fünf wechselnde Bewusstseinszustände,
die entweder schädlich sind oder nicht.

....

pramana-viparyaya-vikalpa-nidra-smrtayah (1:6)
Diese sind richtiges Wissen, falsche Wahrnehmung,
Vorstellung, Schlaf und Erinnerung.

....

pratyakshanumanagamah pramanani (1:7)
Die Quelle des richtigen Wissens baut auf klarer
Sinneswahrnehmung, Logik und
verbaler Kommunikation auf.

....

viparyayo mithya-jnanam atad-rupa-pratishtham (1:8)
Falsches Wissen kommt von falscher Wahrnehmung.

....

shabda-jnananupati vastu-shunyo vikalpah (1:9)
Falsche Wahrnehmung ist, wenn man etwas denkt
oder sich vorstellt, das keinen Wahrheits-
oder Realitätsgehalt als Grundlage hat.

....

abhava-pratyayalambana vrttir nidra (1:10)
Die Abwesenheit der Realität entsteht auch
beim Tiefschlaf ohne Gedanken, beim Träumen
oder anderen Bewegungen des Geistes.

....

anubhuta-vishayasampramoshah smrtih (1:11)
Erinnerung ist ein früheres Erlebnis,
das man nicht vergessen hat.

....

abhyasa-vairagyabhyam tan-nirodhah (1:12)
Die Bewegungen des Geistes werden durch Übung
und Akzeptanz zur Ruhe gebracht.

....

tatra sthitau yatno 'bhyasah (1:13)
Übung ist das Bestreben, den Geist zu beruhigen.

....

sa tu dirgha-kala-nairantarya-satkarasevito
drdha-bhumih (1:14)
Der Geist wird leicht zur Ruhe gebracht,
wenn man konsequent, anhaltend und aufrichtig übt.

....

drshtanushravika-vishaya-vitrshnasya vashikara-samjna
vairagyam (1:15)
Akzeptanz entsteht, wenn wir frei von Verlangen sind.

....

tat-param purusha-khyater guna-vaitrshnyam (1:16)
Höchste Akzeptanz führt zum Verständnis unseres
wahren Selbst. Sie entsteht, wenn wir die
wechselhafte Natur des Lebens zulassen.

....

vitarka-vicharanandasmita-rupanugamat samprajnatah (1:17)
Samadhi ist der Vorgang völliger Versunkenheit,
hervorgerufen durch Nachdenken, innere Einkehr,
Freude und Selbstverständnis.

....

virama-pratyayabhyasa-purvah samskara-shesho 'nyah (1:18)
Samadhi ist auch der Zustand, in den wir gelangen,
wenn der Geist stet ist.

....

bhava-pratyayo videha-prakrti-layanam (1:19)
Samadhi ist ein natürlicher Zustand für jemanden, der erleuchtet ist.

....

shraddha-virya-smrti-samadhi-prajna-purvakah itaresham (1:20)
Die restlichen von uns müssen Glauben, Leidenschaft, Achtsamkeit, Stille und gute Urteilskraft nutzen, um den Weg zum *samadhi* zu unterstützen.

....

tivra-samveganam asannah (1:21)
Der Zustand des *samadhi* kommt schnell zu dem, der aufrichtig und fleißig ist.

....

mrdu-madhyadhimatratvat tato'pi visheshah (1:22)
Wie viel Zeit man benötigt, um den Zustand des *samadhi* zu erreichen, hängt davon ab, wie engagiert man übt – wenig, mittelstark oder intensiv.

....

Ishvara-pranidhanad va (1:23)
Die direktere Methode, um den Zustand des *samadhi* zu erreichen, ist, sich dem göttlichen Plan hinzugeben.

....

klesha-karma-vipakashayair aparamrshtah purusha-vishesha Ishvarah (1:24)
Der göttliche Plan ist die Quelle unseres wahren Wesens und makellos.

....

tatra niratishayam sarvajna-bijam (1:25)
Das Göttliche ist sowohl allwissend
als auch das Wissen selbst.

....

purvesham api guruh kalenanavachchedat (1:26)
Das Göttliche hat immer existiert und ist der höchste Lehrer.

....

tasya vachakah pranavah (1:27)
Das Göttliche wird durch den Klang OM ausgedrückt.

....

taj-japas tad-artha-bhavanam (1:28)
Wenn man OM wiederholt und darüber nachdenkt,
offenbart sich die Bedeutung des Göttlichen.

....

tatah pratyak-chetanadhigamo' py antarayabhavash cha (1:29)
Wir begreifen und erleben unsere potenzielle Göttlichkeit,
indem wir OM chanten und darüber nachdenken.

....

vyadhi-styana-samshaya-pramadalasyavirati-
bhranti-darshanalabdha-bhumikatvanavasthitatvani
chitta-vikeshpas te 'ntarayah (1:30)
Krankheit, Aufschub, Zweifel, Achtlosigkeit, Faulheit,
Verlangen, Verwirrung, Apathie und Instabilität sind die
Hindernisse, die in verschiedener Hinsicht Leid erzeugen.

....

duhkha-daurmanasyangam-ejayatva-shvasa-prashvasa vikshepa-
saha-bhuvah (1:31)
Die Hindernisse, die Leid verursachen,
zeigen sich als geistige Unruhe, körperliches Zittern und
unregelmäßige Atmung.

....

tat-pratishedhartham eka-tattvabhyasah (1:32)
Spirituelle Einsgerichtetheit ist der beste Weg,
um diese Hindernisse zu beseitigen.

....

maitri-karuna-muditopekshanam sukha-duhkha-punyapunya-vishayanam bhavanatas chitta-prasadanam (1:33)
Oder der Geist bleibt stet und ruhig, wenn wir mit der
richtigen Haltung auf Situationen reagieren.

....

prachchardana-vidharanabhyam va pranasya (1:34)
Oder der Geist wird klar durch kontrolliertes Atmen,
besonders Ausatmen und Atemanhalten.

....

vishayavati va pravrttir utpanna manasah sthiti-nibandhani (1:35)
Oder das Kultivieren von Bewusstheit kann uns
einen tieferen Sinn von Ruhe und Gegenwärtigkeit geben.

....

vishoka va jyotishmati (1:36)
Oder indem wir die Bewusstheit unseres
inneren Göttlichen kultivieren, schaffen wir
einen friedlichen, ruhigen Geist.

....

vita-raga-vishayam va chittam (1:37)
Oder wir bringen den Geist zur Ruhe, indem wir uns
auf jemanden konzentrieren, der friedlich und tugendhaft ist.

....

svapna-nidra-jnanalambanam va (1:38)
Oder der Geist kann ruhig werden,
wenn er durch Schlaf und das Wissen
erleuchtender Träume unterstützt wird.

....

yathabhimata-dhyanad va (1:39)
Oder wir beruhigen den Geist, indem wir unsere
Aufmerksamkeit auf einen besonderen Gegenstand lenken,
der uns aufheitert.

....

paramanu-parama-mahattvanto 'sya vashikarah (1:40)
Allmählich erstreckt sich unsere Erkenntnis
vom Endlichen zum Unendlichen.

....

kshina-vrtter abhijatasyeva maner grahitr-grahana-grahyeshu
tat-stha-tad-anjanata samapattih (1:41)
Volle Erkenntnis tritt ein,
wenn wir die Hindernisse verringern,
bis zu dem Punkt, wo der Geist klar und transparent ist.
In diesem Zustand gibt es keinen Unterschied
zwischen uns, dem Wissen und dem Wissbaren.

....

tatra shabdartha-jnana-vikalpaih sankirna
savitarka-samapattih (1:42)
Weitere Erkenntnis tritt ein, wenn Name,
Form und Bedeutung sich verbinden.

....

smrti-parishuddhau svarupa-shunyevartha-
matra-nirbhasa nirvitarka (1:43)
Wenn wir vollkommen gegenwärtig sind und nicht durch unsere Erinnerungen getrübt werden, wird der Gegenstand oder Augenblick vollkommen verstanden.

....

etayaiva savichara nirvichara cha
sukshma-vishaya vyakhayata (1:44)
Prüfung und Einsicht erlauben uns, subtile Gegenstände auf dieselbe Weise zu verstehen.

....

sukshma-vishayatvam chalinga-paryavasanam (1:45)
Totale Versunkenheit tritt ein, wenn es keinen Namen, keine Form, keine Bedeutung mehr zu wissen gibt.

....

ta eva sabijah samadhih (1:46)
Um die vorherigen Zustände des *samadhi* zu erreichen, wird ein Gegenstand als Fokus genommen.

....

nirvichara-vaisharadye dhyatma-prashadah (1:47)
Im nächsten Stadium des *samadhi* führt uns unser inneres Licht.

....

rtam-bhara tatra prajna (1:48)
In diesem Zustand leben wir in der Wahrheit.

....

shrutanumana-prajnabhyam
anya-vishaya vishesharthatvat (1:49)
Diese Wahrheit ist größer als Wissen, das man durch Lernen oder Schlussfolgern gewinnt.

....

taj-jah, samskaro 'nya-samskara-pratibandhi (1:50)
Die Weisheit, die in diesem Zustand gewonnen wird,
löscht alle anderen falschen Eindrücke aus.

....

tasyapi nirodhe sarva-nirodhan nirbijah samadhih (1:51)
Wenn selbst die wahren Eindrücke ruhen,
haben wir die höchste Ebene des *samadhi* erreicht.

....

tapah-svadhyayeshvara-pranidhanani kriya-yogah (2:1)
Yoga der Handlung oder Kriya-Yoga ist das Üben
von Disziplin, Selbsterforschung und Glauben.

....

samadhi-bhavanarthah klesha-
tanukaranarthash cha (2:2)
Durch dieses Üben verschwinden die Ursachen des Leids;
man gewinnt Frieden und Leichtigkeit.

....

avidyasmita-raga-dveshabhiniveshah kleshah (2:3)
Falsche Wahrnehmung, Identität, Anhaftung,
Vermeidung und Angst verursachen Leid.

....

avidya kshetram uttaresham
prasupta-tanu-vichchinnodaranam (2:4)
Falsche Wahrnehmung ist die grundlegende Ursache
aller Hindernisse, die Leid verursachen.

....

anityashuchi-duhkhanatmasu nitya-
shuchi-sukhatma-khyatir avidya (2:5)
Vergängliches und Unvergängliches, Leid und Lust,
Wahrheit und Unwahrheit, unser Ego und unser Potenzial
zu verwechseln sind Formen falscher Wahrnehmung.

....

drg-darshana-shaktyor ekatmatevasmita (2:6)
Das Ego beschränkt uns und verursacht Leid, wenn wir
unsere Identität mit unserem wahren Wesen verwechseln.

....

sukhanushayi ragah (2:7)
Anhaftung sucht fortwährende Lust und
wird Leid verursachen.

....

duhkanushayi dveshah (2:8)
Abneigung ist, wenn wir Situationen aufgrund früherer
leidvoller Erfahrungen meiden. Das hält das Leid aufrecht
und beschränkt unser Potenzial.

....

svarasa-vahi vidusho 'pi tatharudho 'bhiniveshah (2:9)
Angst vor Tod, Verlust oder Veränderung
verursacht bei jedem Leid.

....

te pratiprasava-heyah sukshmah (2:10)
Durch das Beseitigen dieser Beschwerden
verschwindet künftiges Leid *(karma)* beim Tod.

....

dhyana-heyas tad-vrttayah (2:11)
Meditation ist das Werkzeug,
um diese Hindernisse zu beseitigen.

....

klesha-mulah karmashayo drshtadrshta-janma-vedaniyah (2:12)
Diese Beschwerden oder Hindernisse bleiben
aus Gewohnheit bestehen.

....

sati mule tad-vipako jatyayur-bhogah (2:13)
Bis wir die Hindernisse beseitigen,
diktiert die Gewohnheit unsere Lebenserfahrungen.

....

te hlada-paritapa-phalah punyapunya-hetutvat (2:14)
Unsere Handlungen bestimmen,
wie wir Linderung oder Leid erfahren.

....

parinama-tapa-samskara-duhkhair guna-vrtti-virodhach cha duhkham eva sarvam vivekinah (2:15)
Jemand mit Unterscheidungskraft weiß, dass wir leiden,
weil wir alle Veränderung, Verlangen, Gewohnheit
und wechselnden Energien unterworfen sind.
Durch Urteilkraft versteht man das Leiden und
wie man es zur Veränderung nutzen kann.

....

heyam duhkham anagatam (2:16)
Durch Unterscheidungskraft können wir
karmisches Leid vermeiden.

....

drashtr-drshyayoh samyogo heya-hetuh (2:17)
Um Leid zu beseitigen, müssen wir lernen,
die Welt objektiv zu sehen.

....

prakasha-kriya-sthiti-shilam bhutendriyatmakam
bhogapavargartham drshyam (2:18)
Durch Objektivität ist es möglich, unseren Lebenssinn
zu erfüllen und Linderung zu finden.

....

visheshavishesa-linga-matralingani guna-parvani (2:19)
Obwohl alles in stetem Wandel ist,
existiert dieselbe göttliche Energie in allem.

....

drashta drshi-matrah shuddho 'pi pratayayan-upashyah (2:20)
Unser Verständnis basiert darauf,
wie wir unsere Erfahrungen wahrnehmen.

....

tad-artha eva drshyasyatma (2:21)
Erfahrungen existieren, um unser Verständnis
und Wissen zu vertiefen.

....

krtartham prati nashtam apy anashtam
tad-anya-sadharanatvat (2:22)
Die Welt existiert, damit wir unseren
Lebenssinn erfüllen können.

....

sva-svami-shaktyoh svarupopalabdhi-hetuh samyogah (2:23)
Eine höhere Bewusstheit des Selbst zu entwickeln
ist der Schlüssel, um unser wahres Wesen zu erfahren.

....

tasya hetur avidya (2:24)
Aufgrund der falschen Wahrnehmung,
dass wir nur unsere Erfahrungen sind,
sind wir unfähig, dies zu tun.

....

tad-abhavat samyogabhavo hanam tad-drsheh kaivalyam (2:25)
Ohne diese falsche Wahrnehmung erkennen wir,
dass unser Leben aus unserer täglichen Erfahrung
und einem höheren Sinn besteht.

....

viveka-khyatir aviplava hanopayah (2:26)
Durch Konzentration und Unterscheidungskraft verstehen
wir, dass wir sowohl göttliche Bewusstheit als
auch individuelle Erfahrungen sind.

....

tasya saptadha pranta-bhumih prajna (2:27)
Durch Unterscheidung und Untersuchung
wird aus Weisheit Erleuchtung.

....

yoganganushthanad ashuddhi-kshaye
jnana-diptir-aviveka-khyateh (2:28)
Die acht Glieder des Yoga zu üben beseitigt die Hindernisse,
und die daraus resultierende Weisheit führt zur Erleuchtung.

....

yama-niyamasana-pranayama-pratyahara-dharana-
dhyana-samadhayo shtav angani (2:29)
Die acht Glieder bestehen aus einem Moralkodex, Regeln
sowie körperlichen, emotionalen, energetischen und geistigen
Übungen, um den Geist zu läutern und zu beruhigen.

....

ahimsa-satyasteya-brahmacharyaparigraha yamah (2:30)
Der Moralkodex des Yoga verlangt Gewaltlosigkeit,
Ehrlichkeit, Mäßigkeit, kein Stehlen, keine Habgier.

....

jati-desha-kala-samayanavachchinnah
sarva-bhauma maha-vratam (2:31)
Der Moralkodex, bekannt als großer Schwur, kann von jedem angenommen und auf alle Menschen und Situationen angewandt werden, unabhängig von Stand, Umständen oder Fähigkeiten.

....

shaucha-santosha-tapah-svadhyayesvara-pranidhanani
niyamah (2:32)
Der yogische Ansatz erfordert Reinheit, Zufriedenheit, Disziplin, Selbsterforschung und Gewissenhaftigkeit.

....

vitarka-badhane pratipaksha-bhavanam (2:33)
Negative Gedanken lassen nach, wenn man die Aufmerksamkeit positiven Gedanken zuwendet.

....

vitarka himsadayah krta-karitanumodita lobha-krodha-moha-purvaka mrdu-madhyadhimatra duhkhajnanananta-phala iti pratipaksha-bhavanam (2:34)
Gier, Wut und Verwirrung in Gedanken, Worten oder Taten schaffen Gewalt. Den Kreislauf des Leids zu durchbrechen erfordert Unterscheidungskraft und Konzentration auf die entgegengesetzten Eigenschaften.

....

ahimsa-pratishthayam tat-sannidhau vaira-tyagah (2:35)
Im Beisein eines Menschen, der Gewaltlosigkeit beherrscht, hört jede Gewalt auf zu existieren.

....

satya-pratishthayam kriya-phalashrayatvam (2:36)
Wenn wir wahrheitsgemäß sprechen und leben,
manifestiert sich, was wir sagen und tun.

....

asteya-pratishthayam sarva-ratnopasthanam (2:37)
Nicht zu stehlen schafft Fülle und Wohlstand.

....

brahmacharya-pratishthayam virya-labhah (2:38)
Stärke und Vitalität kommen zu dem,
der seine Energie für das höchste Wohl einsetzt.

....

aparigraha-sthairye janma-kathanta sambodhah (2:39)
Wenn wir nicht wollen, was wir nicht haben,
verstehen wir unseren wahren Lebenssinn.

....

shauchat svanga-jugupsa parair asamsargah (2:40)
Durch Reinigung vermeiden wir ganz natürlich
toxischen Kontakt mit anderen.

....

sattva-shuddhi-saumanasyaikagryendriya-jayatma-darshana yog-yatvani cha (2:41)
Zusätzlich wird der Geist rein, positiv und einsgerichtet.
Die Sinne werden still, und wir werden bereit,
unser wahres Wesen zu erleben.

....

santoshad anuttamah sukha-labhah (2:42)
Wahre Freude kommt durch Zufriedenheit.

....

kayendriya-siddhir ashuddhi-kshayat tapasah (2:43)
Durch engagierte Disziplin beseitigen wir Unreinheiten
und stärken unsere persönliche Kraft.

....

svadhyayad ishta-devata-samprayogah (2:44)
Kontemplation und Selbsterforschung verbinden uns
mit dem inneren Göttlichen.

....

samadhi-siddhir ishvara-pranidhanat (2:45)
Durch Glauben und vertrauensvolle Hingabe an das
unbekannte Göttliche finden wir Leichtigkeit und Freude.

....

sthira-sukham asanam (2:46)
Yogahaltungen sollten mit Stetigkeit
und Leichtigkeit geübt werden.

....

prayatna-shaithilyananta-samapattibhyam (2:47)
Die Haltungen werden beherrscht, wenn wir
unsere Anspannung verringern und uns auf das
unendliche Göttliche konzentrieren.

....

tato dvandvanabhighatah (2:48)
Durch diese Herangehensweise verschwinden
selbst geistige und emotionale Anspannungen.

....

tasmin sati shvasa-prashvasayor gati-vichchedah
pranayamah (2:49)
Wenn die Haltungen beherrscht werden,
bringt die Kontrolle des Atems die emotionale
und geistige Energie noch weiter ins Gleichgewicht.

....

bahyabhyantara-stambha-vrttih-desha-kala-sankhyabhih paridrshto dirgha-sukshmah (2:50)
Einatmen, Ausatmen und der Raum zwischen den Atemzügen können in Länge und Dauer variiert werden. Das ist *pranayama.*

....

bahyabhyantara-vishayakshepi chaturthah (2:51)
Als Folge dieser Übungen erfahren wir eine subtilere, mühelose Art des *pranayama.*

....

tatah kshiyate prakashavaranam (2:52)
Wenn diese Stille entsteht,
fallen die Hindernisse weg, und wir dehnen
unsere Bewusstheit des Selbst aus.

....

dharanasu cha yogyata manasah (2:53)
Dann ist der Geist bereit zur Konzentration.

....

svavishayasamprayoge chittasya svarupanukara ivendriyanam pratyaharah (2:54)
Als Nächstes werden die Sinne nach innen
und auf den Geist selbst gerichtet.

....

tatah parama vashyatendriyanam (2:55)
Dann werden die Sinne kontrolliert,
und man konzentriert sich auf das Innere.

....

desha-bandhash chittasya dharana (3:1)
Konzentration bedeutet, den Geist mit einem Ort,
einem Gegenstand oder einer Idee zu vereinen,
um spirituell zu erwachen.

....

tatra pratyayaika-tanata dhyanam (3:2)
Meditation ist die mühelose, anhaltende Konzentration
auf den dauernden Eindruck dieses Fokusobjekts.

....

tad evartha-matra nirbhasam svarupa-shunyam
iva samadhih (3:3)
Erleuchtung ist, wenn die Meditation das Objekt
wahrheitsgetreu widerspiegelt, ohne es durch Gedanken
an frühere Eindrücke zu verzerren.

Über die Autorinnen

Kelly DiNardo begann, regelmäßig Yoga zu üben, als sie einen Schreibauftrag vor sich herschob. Während sie auf ihrer Yogamatte parkte, löste sie ihre Schreibblockade und entwickelte eine neue Leidenschaft. Sie nahm 2003 an ihrer ersten Yogaausbildung teil und hat seitdem bei Cyndi Lee, Charles Matkin, Rolf Gates, Sharon Gannon und David Life sowie Amy Pearce-Hayden gelernt. Im Jahr 2009 eröffnete sie das Yogastudio Past Tense in Washington, D. C. Das beliebte Studio wurde mehrfach lokal ausgezeichnet.

Jenseits der Matte ist Kelly DiNardo die Autorin der Biografie *Gilded Lili. Lili St. Cyr and the Striptease Mystique*, die eine ausgezeichnete Kritk in Publishers Weekly erhielt. Sie aktualisierte die Kapitel über Genf, Zürich und das Valais im Reiseführer *Fodor's Guide to Switzerland.* Außerdem arbeitete sie als Rechercheurin für den Bestsellerbiografen Anthony Summers bei *Sinatra. The Life* und *The Eleventh Day. The Full Story of 9/11*; ebenso unterstützte sie die Pulitzer-Preis-Finalistin Stacey Vaeth bei ihrem Werk *Osama Bin Laden.* Als freie Journalistin hat sie für mehrere landesweit erscheinende Zeitungen und Magazine geschrieben, unter anderem die New York Times, O: The Oprah Magazine, National Geographic Traveler, Shape, Health, Glamour, die Washington Post und USA Today. Sie hat einen Abschluss von der Cornell-Universität.

Amy Pearce-Hayden entdeckte Yoga bereits mit elf, als sie in der Stadtbücherei über ein einschlägiges Buch stolperte. 1995 begann sie Yoga in der Iyengar-Tradition formell bei Gabriel Halpern zu lernen, während sie gleichzeitig ihren Bachelor of Fine Arts an der Conservatory Professional Theatre School der DePaul-Universität vorbereitete. Nachdem sie 1997 nach New York City umgezogen war, lernte sie Yoga bei Lisa und Charles Matkin, Rolf Sovik, Pandit Rajmani Tigunait, Sandra Anderson, Shari Friedrichsen, Dharma Mittra, Sharon Gannon und David Life. Nach einer achtjährigen hingebungsvollen Ausbildung eröffnete sie 2003 die RajaHatha-Yogaschule. Dort werden sowohl 200 als auch 500 Stunden umfassende Yogalehrer-Ausbildungen angeboten, die von der Yoga Alliance anerkannt sind.

Amys erstes Yogastudio, TheYogaScape & Spa wurde vom Hudson Valley Magazine und seinen Leserinnen und Lesern zum »Besten Yogastudio« gewählt. Sie wurde von Crystal Ketterhagen und den Professional Women of Putnam 2011 zur »Unternehmerin des Jahres« ernannt. Als Mitwirkende war Amy mit ihren Onlinekursen regelmäßig in Yoga International vertreten; unter anderem war sie dort im Sommer 2012 als Titelmodell zu sehen. In den Jahren 2013 und 2014 co-moderierte sie das Event »Mind over Matter« zur Sommersonnenwende auf dem Times Square mit Zehntausenden Yogis, die im Herzen von New York City Yoga machten. Als anerkannte internationale Yogalehrerin ist ihr Fachwissen gefragt, wenn es darum geht, klassisches Yoga mit modernem Leben zu verbinden. Sie ist spezialisiert auf Sucht, Traumatherapie und das Leben mit Familie. Amys Yogastudio TANTRA Wellness & Yoga im Mittleren Westen befindet sich im Stadtzentrum von Madison, Wisconsin. Dort lebt sie mit ihrem Partner Jorge, ihrem Sohn Pearce und ihrer Tochter Love.